JN139376

美容格差時代
進化する美容医療、その光と影

大竹奉一

はじめに

「あんた、ようこんな魑魅魍魎（ちみもうりょう）うごめく業界を取材しとるな」

あるとき、学会でベテランの美容外科医からこんな言葉をかけられました。

私が美容医療業界の取材を始めて20年以上になりました。インタビューした医師は１００人以上、美容医療のトラブルにあった患者さんからの相談メール・聞き取りは１０００件以上。また美容外科学会などへも参加した結果、美容医療の表も裏も知ることになりました。

もともとは一般医療のジャーナリストとして専門誌に執筆していましたが、ある程度治療法が確定している一般医療に比べ、日進月歩で進化する美容医療の世界に魅せられ、いつの間にか専門的に取材をするようになりました。

大手の新聞や雑誌はほとんど取り上げないので、取材してもそれを掲載できる場はほんのわずか。

だから、きちんと取材する人がいないのが、この業界なのです。冒頭の医師も、なんと酔狂なジャーナリストがいるものだ、ということで声をかけてきたのでしょう。

取材を続けるうちに、広告に年間数十億もお金をかけ、ほとんど研修を受けていない医師に適当な手術をさせるとんでもない大手クリニックがある一方、本当に高い技術を持ち、しっかりカウンセリングをして患者さんに合った施術をしてくれる医師もたくさんいることがわかってきました。

でも、一般の人にはそれを見分ける情報がありません。新聞・雑誌・テレビなど美容クリニックの広告が出稿されているメディアではそんなことに触れられませんし、ウェブで検索しても大手クリニックの広告しか出てきません。ウェブの口コミも、アフィリエイト目的で特定のクリニックに誘導したり、業界関係者の書き込みによって操作されていたりして、信用できないものがたくさんあります。

美容医療を受けたい人が自分に合った医師を選び、安心して手術を受けられる情報を提供したい。そんな思いから、北海道から沖縄まで、優れた美容外科医・形成外科医をインタビューした成果をまとめて2002年に『日本全国 信頼の名医 形成外科・美容外科』(ブレーンセンター)を出版しました。また、ホームページ「医療ジャーナリスト 大竹奉一の美容外科名医101人 http://b-101.com/biyougekameii」で情報を発信し、美容外科手術を受けたい人、修正したい人の相談に乗る活動を続けています。

これらの本やサイトを目に止めたのか、美容外科に関連する事件が起こったときにはマスコミからコメントを依頼されることも増えてきました。

たとえば、英国人のリンゼイ・アン・ホーカーさん殺害事件(2007年)では加害者の市橋達也受刑者が逃亡中に美容外科手術を受け、顔を変えて逃亡したことが話題になり、複数のテレビ番組でコメントをしました。最近では、韓国で美容外科手術を受けた日本人女性が死亡した事件でも取材を受けました。

NHK「クローズアップ現代」の「美容医療　ブームの裏で何が(2010年4月13日

放送)」の企画に協力し、スタジオゲストとして出演したこともありました。広告費に頼らないNHKだからこそできる、美容医療業界の問題に切り込んだ番組になりました。

プチ整形、アンチエイジングブームで市場規模は4000億円に

プチ整形、アンチエイジングなど、美容医療が身近な存在になり、これまで「美容外科って怖いんでしょう」と敬遠していた人が、気軽に受ける時代になってきました。市場規模も、数年前の2000億円から、今や4000億円と言われています。

この十数年間の、美容医療、とりわけ美容外科の発達は、目を見張るものがあります。メスを使う治療だけでなく、レーザー、ヒアルロン酸・ボトックスなど、痛みが少なく、治るまでの期間が短い治療が急速に発達し、またアンチエイジングブームなどがあり、対象となる年齢も、20～30代から、40～80代にまで広がりました。レーザーの発達によりほとんどのシミが治療できるようになり、エステ感覚で利用する人も増えたのです。

また美容医療というと、二重まぶたや豊胸、シミ、シワなど、若く美しくなりたい女性が受けるものというイメージをお持ちの方が多いかもしれませんが、今やさまざまな分野の治療が可能になり、男性の利用者も年々増えています。

たとえば、植毛の施術を受ける方の大半は男性です。頭髪が薄くなってきたとしても、今や後頭部にわずかの毛さえ生えていれば、自分の毛によるフサフサとした植毛ができるようになりました。

技術は日々進化し、美容外科医自身がその治療を受け、家族・知人にも勧めるほどに、安全・安心に行える治療になったのです。

増え続ける医療事故・トラブル

しかし、美容医療の医療事故や医師へのクレームは、減らず、逆に増えています。最近では大手美容外科への集団訴訟まで起こっています。

世界的に見ても、日本はよい美容医療を受けることが非常に難しい国です。その理由をいくつかご紹介しましょう。

①保険診療に慣れすぎている

日本人は、病気やケガなどの一般医療を、保険診療で低費用で受けられます。風邪や腹痛、ちょっとした骨折なら、医師を選ぶことなく気軽に医院を訪れ、数分の問診で治療を受けることに慣れています。どこで受けても治療はそれほど変わらないと思っているため、自分で医院や医師を選ぶという発想が乏しいのです。

また、「お医者さんの言うことを聞いていれば大丈夫」「病院は金儲けをするところではない」という思い込みがあるため、美容クリニックの広告をそのまま受け取ってしまう傾向にあります。

②技術のない下手な医師が9割を占めている

美容医療は、保険診療とまったく違った医療です。病気の治療ではないため、保険のきかない「自由診療」です。そのため、厚生労働省の指導がまったくないので、上手な医師と下手な医師には天と地ほどの差があり、下手な医師が9割を占めています。

そのうえ、腕があって患者さんと真摯に向き合う医師が手術できる人数は1日3人程度が限度なのに比べて、大手クリニックの未熟な医師ほど1日10人以上の施術をするのが一般的です。なかには1日30件という強者もいます。まるで流れ作業です。それくらい件数をこなさないと、莫大な広告費をカバーする経営ができないからです。

形成外科・美容外科の大学教授が、午前・午後は大学で研究・教育し、夕刻には自分のクリニックで診療という、アメリカなど美容外科の先進国とは大きな違いです。

③正確な情報が得られない

一般の人には正しく利用するための情報がほとんど届いていません。「気軽に受けられる」「キャンペーン中で今なら半額！」「人生が変わる」と煽る大手クリニックの広告や、大げさなビフォー・アフターを喧伝するバラエティ番組がある一方、新聞などによる死亡事故などを見て、「恐ろしい」「身体にメスを入れるなんて」と感じている人も多いと思います。

また、日本では美容医療を受けたことを周囲に隠す傾向があるので、対面で信頼できる相手からの口コミを聞くことができません。アメリカや韓国などではまったく隠さないので、よいクリニックも悪いクリニックも情報が伝わりやすいのです。

美しくなるにはリテラシーが必要な時代

「人は、かたちありさまのすぐれたらむこそ、あらまほしかるべけれ」（人は容貌や身なりが優れているのが望ましい）と兼好法師が『徒然草』第一段に書いたのは、今から900年前。

現代も、「人は見た目が9割」「面接でも美人・イケメンが有利」などと、第一印象が重要だと考えられているのは同じです。「見た目」は「幸せ」と直接つながりませんが、人生の選択肢が広がることは今も昔も変わりません。

でも、900年前は兼好法師が「身分と容貌は生まれつきだよなあ」と嘆かざるを得なかったのに、現代は、顔と見た目を本人の希望に応じて、全身にわたってつくり変えることが可能になっています。

素晴らしい時代になったものです。しかし顔と見た目を簡単に変えることのできる時代になったからこそ、情報の選び方、かかわり方がとても難しくなっています。

コンプレックスを解消して新しい一歩を踏み出した人がいる一方で、失敗して人生が暗転した人もいます。それらのネガティブな情報におびえて、発達した美容医療を受けるのをためらう人も多くいます。

「美容医療を受ける人・受けない人」「美容医療に成功する人・失敗する人」「美容医療のリテラシーがある人・ない人」の間に格差が生まれつつあると言えるでしょう。


私は美容医療を受けることを闇雲に勧めるつもりはありません。「若さと美しさ」が手に入っても幸せになれるとは限らないと思うからです。

また、本書は、いたずらに美容医療業界の裏側を暴露する本でもありません。外見を変えることの是非を倫理的に説く本でもありません。


ただ、美容医療を受ける・受けないを判断するにも、正しい知識とリテラシー（情報を使いこなす力）が不可欠です。

繰り返しになりますが、美容医療についてはあまりにもきちんとした情報が少ない。これでは懐中電灯も地図も武器もなしに恐ろしい獣や罠だらけの夜の森をさまようようなものです。
美容医療は使いこなすことができれば素晴らしい技術ですし、その技術は日進月歩で進化しています。

日本の現状では、国民のすべてが、よい美容医療を受けることは不可能だと私は感じています。
でも、この本を読んだ人だけでも、自分が受けてみたいと思ったり、家族や友人、知人から相談を受けたりしたときに、テレビの宣伝、ネットの誇大情報に惑わされることなく、発達した美容医療を、上手に利用していただきたい。ときには、「受けない」と言う選択肢も選んでいただきたい。納得して治療を受け、無駄な失敗をすることなく、人生を豊かにしていただきたいと願っています。

大竹奉一

本書は、『美容医療の最新事情』に大幅な加筆・修正をした改訂版です。

美容格差時代◎もくじ

第1章　日本の美容医療業界の真実

第2章 「信頼できるよい医師」の選び方

第3章 美容医療でできること

1章

日本の美容医療業界の真実

未熟な技術の医師による診療・手術がほとんど

メスを一度も持った経験がないのに、一週間の研修で執刀

「はじめに」でも述べたように、日本では美容外科の技術がほとんどないのに手術をする医師が相当数います。

それは、日本の医療システムに非常に大きな矛盾があるからです。

日本では、医師免許さえあれば、どんな科のどんな治療もできます。内科で医師免許を取った医師が心臓外科手術や美容外科手術をしても違法ではないのです。

まず、A医師のインタビューをご紹介しましょう。A医師は、しばしば死亡事故を起こ

しマスコミで報道される、大手美容外科Xに30歳から2年間勤務していました。

オヤジの会社が傾きましてね。兄は普通のサラリーマンだし、私が何とかしなくちゃと思ってたら、医者だけを対象にする専門雑誌でこんな求人広告を見つけました。

「美容外科医募集！　要医師免許、経験不問、年収2000万」

私は内科だし、面接に行って断られたら嫌だから電話で、「メス握ったことないけどいいの？」って聞いたら、「こちらで研修受けていただきますから。医師免許さえあれば大丈夫です」と。

で、行ったら1週間ほど「埋没法」という、メスを使わず、まぶたに糸を通すだけで二重まぶたにできて、修正も簡単にできるやり方を教えてもらって、2週目から患者さんの治療を開始。1週間の研修だから、治療と言っても患者さんを実験材料にして練習しているようなものです。

医院に勤務しているのは、事情はそれぞれだけど金が欲しい医者ばかり。贅沢したい奴もいたし、借金でヤクザみたいなのに追っかけられていたのもいたし……。研修を受けたとはいえ手術にまったく自信ないから、埋没法みたいな簡単で修正のできる手術ばかりやってたのが、私の良心でしょうか。隆鼻もすぐ取り出せるプロテーゼを入れる手術ばっかり。

先輩もいい加減な医者ばっかりだし、そのレベルの手術しか教えてくれませんでした。

最初はこわごわ手術していたけれどなんとかやれるし、患者さんからクレームがあっても、カウンセラーの女性たちが患者さんを取り囲んで、

「そんなもんじゃないですか」「きれいにできていますよ」

とか言ってうまく対処してくれました。

「うちは弁護士さんちゃんといるし、心配しないで手術してればいいですよ」

と言われて、なんとか続けていました。

いちばん嫌だったのは売り上げ目標があることでした。はっきりと言われるわけじゃないけれど、朝のミーティングでそれとなく上の人が指示してくるわけです。

「うちの医院は年間50億も広告費使ってるんだから、1人の医者が、1日に10人以上の患者さんを手術しないと、成り立っていかないよ」

「カウンセリングは女の子にまかせなさいよ。医者じゃなくてもできるんだから」

「できるだけその日に受けさせるように持っていかなくちゃ、考える時間を置くと、やっぱりこわい、やめようって思ったりするし、他の医院へ行く患者さんもいる。悪くても2、3日の内に手術する予約を取っておかないと」……。

さすがにひどいなと思ったのは、「二重で来たからって、その手術だけで帰しちゃだめ。『あなた、鼻も治したらもっとチャーミングになるよ』とか言って、他のところも手術しなきゃ」って言われたときですね。

「手術のことだけを真面目に話すんじゃなくて、親しい友達みたいな関係に持っていくことが大事なんだよ」って言われたときには、本当に嫌でした。恋人商法でアクセサリー売ってるセールスマンみたいじゃないですか。

管理されてるようで医者としてのプライドもずいぶん傷つけられましたが、自分にも形成外科や美容外科のちゃんとした研修も受けていないのに高給取っているという後ろめたさがあるから我慢していましたね。

それでも2年間もやってるとけっこうおもしろくなるし、メスさばきも我ながらうまくなってくる。最初、失敗しそうになって汗かいて30分もかかっていたのが、10分くらいでサッとできるようになって、このままやっててもいいかなと思ったけれど、オヤジの会社も何とか持ち直したので、やっぱり辞めようと内科の勤務医に戻りました。

でも、私と同じ時期に入った医者で、独立して美容外科医院を開業した奴もいるんですよ。

これが日本の美容外科医の典型的なタイプです。医療でお金を儲けようとする「大手美容外科」と言われる医院に行けば、こんな美容外科治療をする医師がゴロゴロいます。**美容外科や形成外科のきちんとした研修をまったく受けず、メスを握った経験もないのに、健康な人の顔にメスを入れるという診療を平然と行い、それによって、生計を立てている、金を稼いでいる美容外科医です。**しかもこんな美容外科医が、「美容外科医」と名乗る医師のほとんどを占めています。

いくら美容外科の技術が上がっても、医療事故が減少しないし、被害訴訟団が結成されるのも当然です。

でも、どうして美容外科の研修をまったく受けていない医師が美容外科の治療をできるのでしょう。それは先ほども言った通り、日本の医療システムに大きな欠陥があるからです。

医師免許さえあれば、30以上の科をどれでも診療できる日本の医療制度

日本には今30以上の科があります。
内科・外科・精神科・神経科・呼吸器科・消化器科・循環器科・アレルギー科・リウマチ科・小児科・整形外科・脳神経外科・呼吸器外科・心臓血管外科・小児外科・皮膚泌尿器科・性病科・肛門科・産婦人科・眼科・耳鼻咽喉科・気管食道科・リハビリテーション科・放射線科……。
形成外科、美容外科もその中に入っています。

高校卒業後すぐに医学部・医科大学に入学・卒業して、「医師国家試験」をパスして、さらに2年の義務研修を終えれば、26歳で医師免許を取ることができます。

この医師免許さえあれば、医師は法律上はすべての診療科における診療行為を行うこと

ができる、とされています。その科について、知識・技術・経験がまったくなくても「私は心臓外科医です」「私は脳外科医です」「私は産婦人科医です」「私は眼科医です」「私は精神科医です」などと名乗ることができ、実際に治療もできます。もちろん「形成外科」「美容外科」も。

勤務医であれば、その病院の経営者が認めれば30の科のどれでも診療できます。開業医であれば、30の科のどれでも好きな科の看板を出して診療ができます。

メスを一度も握った経験がなくても、あらゆる外科の手術をしても違法にはなりません。

内科で学んだ医師が心臓外科の手術をしてもまったく問題はありません。

とはいえ、実際には心臓外科手術をする内科医はいません。なぜなら、心臓外科の手術には大掛かりな設備・施設、高度な医療チームが不可欠であり、専門知識と技術を持った心臓外科医が手術しないと患者が死亡する率が非常に高いからです。治らない、悪化する程度なら、病院の内部で処理できますが、死亡患者が続いたりすると、警察が入ってきて、殺人罪が適用されます。

他の科の場合、心臓外科ほど高度で専門的な設備・スタッフ・技術が要求されることがなく、失敗がすぐ死に直結することが少ないので、専門分野でなくとも安易に診療をする医師がいます。内科・皮膚科・耳鼻科・精神科など、死に直結することのない科を選び、自分が手に負えない病気であると感じれば、紹介状を書いて、近くの病院に送ればいいのです。

良心的な医師なら、短い期間でも学び直します。
ある医師は、外科を勉強して外科の医院を開業。趣味で始めた油絵が上達して、プロに近い腕前になりました。スケッチに日本中に行きたい。ところが外科は、急患に対応しなければならない、体力もいる、いつ呼び出しがくるかもしれない。しかし絵だけで食べていけるほどではありません。もっと楽な科で開業しようと皮膚科を選び、3か月、母校の皮膚科に通って、皮膚科を開業しました。治療はほとんど薬だけで診療を続けています。

医師免許には更新試験も定年もない

何とも便利な日本の医師免許。

一度取得すれば生涯、更新やチェックを受ける必要はありません。運転免許でも5年に1回は更新があるのに、医師免許は一生有効です。90歳以上の現役医師は珍しくありません。

医療事故程度で取り消されることもありません。麻薬に関係した場合、診療以外の殺人を犯した場合など、犯罪に関与したことで年に数人が取り消されるだけです。

なぜこんな法律が通用しているのでしょうか。

それは、戦前・戦中から終戦直後、医師の数が少ない時代には便利な制度だったのです。**村に1人の医師しかいなくて、その医師が、風邪もけがもお産も、何でも診なければならない時代にはなくてはならないシステムでした。**

しかし、今その必要はほとんどありません。重大な病気や大けがには、離島ですらドクター・ヘリが出動して大病院に移送して、最新治療を受けることができます。

治療内容は戦前とは比較できないほど高度化・専門化しました。ある分野の治療をするためには、一般義務研修2年間ののちに、専門科の研修を3～5年は受けて、その科の専門医の資格を取り、ようやく専門医師としてスタートラインに立てると言えるでしょう。

医療の発達や環境の変化にともない、医師免許についても見直す時期にきているのです。
アメリカ、イギリス、ドイツでは、各診療科ごとに専門医資格の取得が必要です。一定の期間で更新が必要な国も多く、ドイツでは医師免許にも定年制が設けられ、一定の年齢で医師免許を返上しなければなりません。

「医師不足」と言われていますが、実態は、外科・産婦人科・小児科など、仕事がハードで過誤があった場合に訴訟の多い科の医師が不足しているだけです。特に産婦人科は、産婦と赤ちゃんの2つの命がかかっていますし、お産は病気でないと思われていますので、事故が起こると、当事者からの訴訟が起こりやすいのです。
また医師自身も、大都市の生活の便利なところで働きたいので、地方ほど医師が不足しています。診療科と地域の大きな偏りが「医師不足」を引き起こしているのです。

関西のある新設産婦人科医院の話。場所は関西の住宅地として、ナンバーワン。遊戯施設が撤退して、その跡地に9階建ての産婦人科病院を新設。妊婦専用の広々としたプールもある超高級産婦人科病院。医師を募集したところ、3人の求人になんと100の応募。

私がインタビューした院長が呆れていました。施設が最高で、待遇がよい以上に、周辺が住宅地としての魅力が大きかったようです。

国が各科の医師の適正数、専門医の適正配置をまったく指導していないのです。医師は「野放し状態」「やりたい放題」「やったもん勝ち」と言えるでしょう。

「でも6年間も医学部で勉強しているからいいんじゃないの？」って？

医学部の6年間は講義とペーパーテストです。「病院実習」の時間がありますが、「災害想定訓練」と同じで、形だけです。もし診療すれば、医師免許を持っていないから法律違反です。

「医師国家試験に合格しているからいいのではないの？」って？

医師国家試験も○×式のペーパーテストです。

「卒業してから2年間の義務研修を受けているからいいんじゃないの？」って？

研修中は、指導医師からいろいろと実地で教えてもらう期間です。注射の仕方、医学部で習ってきた薬の商品名は何なのか……。しかも、2年間で8科目程度の研修をしなければなりませんから、平均して1科目につき3か月です。研修を終えたからといってすぐ患者さんを診ることができないのは当然です。しかも研修時間は、労働基準法に基づいて診療しています。ひとつの診療科につき3か月間、午前9時から午後5時の時間しか研修を受けていないのです。

この半人前の医師が、医師免許を取得した途端に30以上のどの科でも診療できる日本の医療システムっておかしいと思いませんか。

そんな半人前の研修医師に、月に最低30万円が支払われます。研修医を教育する指導医の非常勤講師の給料が、研修医より低いこともあります。ベテラン看護師が「何もできない研修医が、どうして私より給料が高いの!?」と憤然として辞めているのは医療業界ではよく知られている話です。

この時代錯誤の医療制度に対して、厚生労働省はここ5年ほどの間に小さな改革を何度かしていますが、医師会の反対でほとんど進んでいません。

なぜ医師会は反対するのか。

それは、歯科医師の現況を見ればよくわかります。歯科医はその名の通り、歯の部分しか治療ができません、しかしここ十数年で、子どもの虫歯が減り、大人の歯周病も減ってきて、歯科医の仕事が減少してきました。でも歯科医は、歯の治療しかできません。「ワーキングプア」と言われるほど収入が減り、歯科大学の入学志願者も減り、私立歯科大学では、定員の半分も志願者がないという深刻な状況も生まれています。

歯科医師会も何とか治療分野を増やそうと、歯だけでなく口全体の治療も歯科医ができるようにと、唇などへのヒアルロン酸注射を厚労省に認めさせましたが、根本的な解決にはなっていません。

この歯科医師の状況に比べると、医師免許さえあれば、30もの科を自由に診療できる一般医師のシステムが、どれくらい恵まれているかがわかるのではないでしょうか。時代遅れであろうがなんであろうが、このシステムは絶対守らなければならない生命線なのです。

今後、20年、30年と、メスを一度も握ったことがない医師が、何百人、何千人と、美容外科医療をしていると考えて、美容外科医選びに慎重になるのが正しい姿勢です。

日本の一般医師は「医師免許を持った準公務員」

でも医師免許さえあれば、どんな治療でもできる「野放し状態」「やりたい放題」「やったもん勝ち」のシステムだけであれば、日本の医療は機能しなくなってしまいます。日本の医師免許をチェックする何かが必要です。それが「国民皆保険制度」です。

日本の医療のほとんどが保険医療です。患者が診療を受ければその1～3割を患者自身が支払い、残り7～9割は国が税金から支払ってくれるシステムです。

医師は診療に対する請求書を国に出します。国はその請求書によって、各科を診療している医師は何人いるのか、どんな診療をしているのかなど、医師の動向をほぼ正確に把握することができます。

またある治療でいくら支払われるかが決められていますから、厚生労働省がある科の医師の数を増やしたいと考えれば、その科に対する治療費の国からの支払い額を増やせば、その科の診療をする医師の数を増やすことができます。

医師は国民皆保険で、国に支配され、コントロールされています。

一方、診療費の大部分を国が支払ってくれますから、医師は診療費の取りっぱぐれがありません。保険でできる診療内容は国で決められ、それ以外の診療をしても請求書は出せませんから、国で決めた医療以外の新しい医療について勉強する必要はありません。医院や病院の宣伝をする必要もありません。医師天国です。

ところが、日本の医師の発言のほとんどが、彼らが安い国民皆保険制度の中で、いかに忙しく熱心に治療をしているかという自画自賛の論調です。そして結論はもっと保険診療報酬を上げてくれという話になります。

でも私は、その医師たちの発言にいつも違和感を感じています。その中で、ある民間の大病院の院長は、こう告白しています。

日本の医師ほどありがたい職業はない。

本来はお金をいただくお客様である患者さんに、いつも頭を下げてもらって、「ありがとうございます」と感謝されます。

通常のビジネスなら、売値をいくらにしようと苦労するのに、私達は医師会に会費さえ払っておけば、相応の生活ができるように国と交渉して売値を決めて、国が7割を支払ってくれます。集金の心配もありません。

日本の医師は、もっと国民や日本の国に感謝して、もっとよい医療を提供できるようにしなければ……。


国民皆保険制度のおかげで、医師免許を取り立ての新米医師で実力がなくても「先生、先生」とおだてられて診療費もしっかり入ってきます。

90歳の高齢の医師も、新しい知識を勉強せず、手が震えていても、馴染みの患者がやってきて、適当に世間話をして、毒にも薬にもならない治療をして、お金が入ってきます。「私の健康の秘訣は診察していること」と言う80代、90代の医師はいくらでもいます。

一方、40代、50代のベテラン医師は不満が募ります。長年経験を積み、最新医療の技術を習得し、効果的な治療をしても、診療報酬は新米医師と同じ。なんの見返りもなく、評価もされません。これでは真面目に診療する気になれない、と不満が鬱積している医師もたくさん見てきました。

これらは、日本の医療のレベルが上がらない一因になっていると言えるでしょう。

日本の美容外科医は「医師免許を持ったビジネスマン」

厚生労働省は美容外科医の数さえ把握していない

国は国民皆保険によって医師や治療をコントロールしているというお話をしてきました。ところが、国民皆保険制度という制限する力がなければ、医療はどうなるでしょうか。それが現実化しているのが日本の美容外科です。

美容外科は、基本的には病気の治療ではありません。目を大きくしたい、鼻を高くしたいなど、本人から見れば「治療」ですが、目や鼻として機能していれば、それは病気ではありません。よく言われることですが、**病気やけがの治療が「マイナスからゼロへ」治療するのに対して、美容外科の治療は「ゼロからプラスへ」の治療です。**

本人がどれだけ悩んでいても、客観的に見れば「必要のない治療」とされるので、保険診療ではなく自費診療です。患者は治療費用のすべてを自分で支払います。

厚生労働省は、その医療費を税金から支払う必要がありませんから、保険診療のような、医師から治療代の請求書がきません。税金を使わないので、国民からのクレームは厚生労働省にはきません。

そこで、**厚生労働省は美容外科について、医師数も、どんな治療をしているかもまったく把握しなくていいと考えて、放置しています。**日本の美容外科は、厚生労働省の指導をまったく受けないで、「野放し状態」「やりたい放題」「やったもん勝ち」医療をそのままできます。

厚生労働省が美容外科医療をしている医師の数すら把握していないことを示す数字があります。「主たる診療科別にみた医療施設に従事する医師数（平成24年）」によると、厚生労働省の公式発表では日本で美容外科をしている医師の数は４４４名です。

しかし実態とはまったくかけ離れています。

のちほど詳しく述べますが、日本には2つの同名の(!)美容外科団体があります。そのうち「日本美容外科学会(JSAPS)」には722名(平成24年度)、「日本美容外科学会(JSAS)」には1012名(平成25年度)が所属しており、合計1735名です。4444名と1735名。厚生労働省が把握している数の4倍もの医師がいるのです。

しかも別にこの美容外科学会に所属しなくても医師免許さえあれば、30万人もいる医師が、明日から「美容外科」治療ができるのですから、正確な数は厚生労働省だけでなく、誰にもわかりません。実際に2つの美容外科団体に属さず、美容外科医療をしている医師を含めると、2000名は超え、少なくとも2500名はいると推定されます。

厚生労働省は美容外科に関する指導をまったく放棄しているのです。

無限の自由がある代償として、**美容外科医は、儲けるためにさまざまなことをしなければなりません**。保険診療のように、じっと待っていたのでは患者は来ません。「美容医療」という商品を売るための競争は激烈です。

そこで、いろいろな経営形態が生まれます。美容外科治療をしている病院・医院は、次の5つの形態があります。

1　個人クリニック
2　熟練医グループ医院
3　ついでにクリニック
4　大手美容外科医院
5　大学付属病院

それぞれについて、順に簡単に説明していきます。

長く続いていれば信頼できる「個人クリニック」

「個人クリニック」は、経営も治療も医師1人でしている診療所です。〇〇美容外科、〇〇美容外科形成外科医院、〇〇形成外科クリニックなど、〇〇に病院長の名前を入れて、美容外科医1人と、看護師が1～3人で、眼、鼻、美肌、脂肪注入などに特化しています。奥さんと2人でという医院もあります。もっとも自然な形態です。

費用のかかる大々的な広告などもしないで、患者を集めています。院長がすべての治療の責任を持たねばなりませんから、失敗すればその美容外科医院の評判が悪くなって、患者が来なくなります。**長く続いている個人クリニックは、口コミなどでその技術のよさ、良心的な診療姿勢が広まっている、非常に信頼性が高いと言えるでしょう。**

個人クリニックより広範な治療ができる「熟練医グループ医院」

「熟練医グループ医院」には2つの形態があります。

ひとつは、美容外科医の院長が経営し、大学病院の教授など、信頼できる医師をスタッフにしている医院です。治療は院長もするけれど、おもにはスタッフの医師が施術します。多くの場合チェーン展開はせず、病院は1か所です。

もうひとつは、優れた医師4、5人がグループをつくって治療する医院です。東京・名古屋・大阪など、4、5か所くらいの拠点を持っている場合があります。

このタイプの美容外科医院も信頼性が高いと言えます。**個人クリニックとの違いは、複数の医師にそれぞれ得意分野があり、治療分野が広い点です。**

最近増えている、危険な「ついでにクリニック」

「ついでにクリニック」というのは、私が勝手に名付けた名前です。元々「内科」「皮膚科」「産婦人科」などをしている個人クリニックで、**これまでの専門の診療科に「美容外科」を「ついでに」付け加えて、美容外科治療をしている個人医院です。**

「女性患者が多く美容医療の要望が多い。レーザーや注射なら、メスを使わないから自分でもできるだろう。もっと儲かりそうだ」と、美容外科の研修も受けていないのに、自分の専門科の「ついでに」美容外科の看板を出すクリニックです。

メスを使わないといっても、レーザーも注射もそれほど簡単なものではありません。

「レーザー」治療は、治療器のメーカーが操作法を教えてくれますが、治療の原理は皮膚や血管を熱で焼くものですから研修や経験が不可欠です。数千万円もするレーザーも数台必要で、片手間にできる治療ではありません。

「注射」は、内科などで使う血管や筋肉への注射とはまったく異なって、組織の中へ、ヒアルロン酸などの異物を注入します。一般医療で血管や筋肉などに注入する注射薬は、血管や筋肉に間違いなく注入すればよく、数時間〜数日で排出されますが、美容外科の注射療法で使われるコラーゲン・ヒアルロン酸・レディエッセなどは、半年〜3年は残って、皮膚のシワやへこみを目立たなくします。注入量が少なくては効果がなく、多すぎては腫れ上がってしまいます。研修も経験も必要で、しかも品質の悪い物質を使用した場合は、内部でしこりをつくるので、これもきちんと研修を受けていない医師が治療するのは非常に危険です。

この「ついでにクリニック」の被害について、私にきた実際の相談メールを掲載します。

私の妻のことです。近くの医院がずっと「内科・小児科・皮膚科」を診療していました。最近「美容外科」も看板に追加して、美容外科治療も始めました。
妻は、鼻の両脇から口の両脇へかけての「ほうれい線」が気になり治療を受けました。ヒアルロン酸を注入したみたいです。

それから3か月後のことです。効果がなかったので、また同じ病院に行ってヒアルロン酸の注入をしようとしたら、以前注入したものより安価なものをすすめられた上に、量をたくさん入れたほうがよいと言われ、頬にも入れました。

医院から帰ってきて顔を見ると頬がフグみたいにふくれていました。本人も腫れが治まるものと思っていたみたいで、5日間我慢していたみたいですが、痛みも伴うものですからたまらず、夜中1人で病院に行ったみたいです。そしたらとりあえず、痛み止めと抗生物質を処方されただけで、その時は原因がわからなかったみたいです。

次の日病院で、取った膿を検査に出したら無菌だったからアレルギーを起こしたんだろうとドクターから言われたみたいです。それからが悲劇の始まりです。

最初は膿を出さないといけないということで、毎日顔を強くつねられ、針で切開して膿を出し、あまりの痛みに麻酔の注射をするけれど麻酔は効かず、その麻酔の注射が半端なく痛いし、つねられて膿を出すのが、出産より痛かったと言ってました。

そんな膿出しが1か月続き、ステロイドがよいと言われ5日に一度、4回注射したところ、炎症は治まったのですが、逆に頬がこけて骸骨みたいになりました。私がドクターに「へこんでいる部分はどうするんですか」と尋ねると、「ヒアルロン酸を入れると早い」と言う。

妻はヒアルロン酸でこんなになったのに、なんて無責任なと思い、「それは無理です」と断ると、「自分の脂肪を少しずつ入れよう」と言う。

ネットで見ると、すごく設備の整ったところじゃないとできないみたいで、間違いなく今の病院にはそのような設備もないのにどうするのかと心配です。

最近では「太れば治る」とか言い出したそうで呆れます。

シワひとつが気になり高額なお金を払って治療するのに、太れば治るとは……どこか、信頼できる病院・ドクターがいるところを教えていただければ助かります。よろしくお願いします。

今、妻は精神的にまいっていまして、一切、外出も家事もできません。心療内科に行くことにしています。私もひと月前から仕事の合間に帰ってきていたのですが、私

がそばにいないと本人も苦しいみたいで、仕事を辞めることにしました。

ヒアルロン酸には溶解剤（ヒアルロン酸を分解する酵素）があって、失敗した場合には溶解剤を注射すれば痛みもなく簡単に溶かせるはずです。そんなことも知らないでヒアルロン酸を打つ医師がいるのです。これが、昨日まで内科や婦人科医の看板をかけていたのに、もっと患者を呼び込もうとして、ある日突然、「美容外科」の看板をかかげる、「ついでにクリニック」の姿です。

相談者に溶解剤のことを説明して、「これは治療などというものでなく、傷害罪です」とメールして、私が信頼している大学病院の美容外科を紹介しましたが、それきりメールは途絶えてしまいました。

「ついでにクリニック」は非常に危なく、かかってはいけないクリニックです。

大手美容外科医院こそ、もっとも危険

「大手」という言葉は、美容外科業界以外の分野では、その業界の中で、大きな規模を持っている代表的企業のことを指します。「業界大手」「銀行大手」「大手商社」「大手家電メーカー」。これらは一般的に、規模が大きくて、ある程度国に指導され、株式会社制度を取り、経営の透明性が高く、信頼性も高い企業が多いでしょう。全国展開し、海外に進出している企業も多くあります。

ところが美容外科医院で「大手」は、お金儲けだけをしたい医師が院長になったり、医師以外の人間が実質のオーナーになり、形成外科・美容外科の技術も経験もない医師を雇って美容外科手術をしている、先ほど挙げた5つの形態の医院の中でもっとも危ない美容外科医院です。

「大手」という言葉で、その美容外科医院を信頼する人もいます。ネットでは、「大手だから安心できそう」「テレビで見た○○医師にやってもらいたい」「待合室がきれいだから受けようと思う」という投稿がたくさん見られます。

莫大な費用をかけた広告に惑わされ、「こんなに宣伝するくらいだからきっと一流の美容外科に違いない」と思い込む人もいます。

全国に20も分院があったりすると、東京に行かなくても自宅近くで美容外科の最新治療が受けられると勘違いする人もいます。

「手術を受けたい」と親に相談したら、「大手美容外科で受けるならお金出してあげる」と言われた人もいます。

ところが、その実態はひどいものです。

派手な広告に惑わされてやってきた患者に、考える時間を与えず何が何でも早く手術を受けるようすすめます。彼らのいちばんの目的はお金儲けですから、来た患者は少しでも早く手術して1日の売り上げを稼ごうとしているのです。

一方、治療内容は低レベル。本章の冒頭の医師の告白にもあったような、1週間の研修で埋没の二重まぶたとシリコン挿入の初歩の治療しかできない専門外の医師が手術します。たとえ院長などが有名で技術の高い医師でも、20も分院があればその人にやってもらえるはずがありません。

さらに二重まぶたの手術を希望する患者に「あなた鼻も低いね、この際一緒に手術したら」などと、患者のコンプレックスを刺激して患者が希望していなかった手術もすすめて、さらにお金を出させて売り上げを伸ばしています。

「大手美容外科医院」は、経営しているオーナーも働いている医師も、患者のコンプレックスを食いものにしている、非常に危ない、いちばん治療を受けてはいけない美容外科なのです。

一医院で年間一〇〇億円の広告費

「一に広告、二に立地。三に美人受付、四にイケメン医師。五、六がなくて七に腕」

美容外科の仲間内でウワサされている、大手美容外科医院が繁盛する要因です。

「患者をたくさん取って儲けるためには、広告をバンバン打って、一等地で開業し、受付に整形美人を置いて、医師に若いイケメンをそろえれば、美容外科医自身の腕はどうでもいい」という意味でしょう。実際、大手美容外科医院の受付の女性が同じような整形美人で、ホームページの医師の顔がみんな、画像修正されたのっぺりした顔……というのはよくあることです。

大手美容外科医院の特徴は、広告費の使い方とカウンセリングと診療時間にもっともよく表れています。

広告費は、先ほど挙げたどの種類の美容外科医院でもある程度は必要です。しかし大手美容外科はその額がケタ違いに多いのです。

大手美容外科クリニックは、一般的に売り上げの3～5割を広告費に費やすと言われています。たとえば売り上げが300億円の場合、その広告費は年間100億円以上ということになります。

広告というとテレビCMや雑誌の広告が思い浮かびますが、大手美容外科クリニックはインターネット広告にも力を入れています。

特に「リスティング広告」と呼ばれる広告は、ヤフーやグーグルなどの「検索エンジン」

の検索窓に言葉を入れると、検索結果の1番上に表示させることができる広告です。たとえば、「脱毛」「男性型脱毛症」「二重まぶた」など特定の言葉で検索すると、大手美容外科クリニックのホームページが上からズラリと並びます。

ヤフーやグーグルの「検索」ではその検索語にもっともふさわしい、充実度の高いホームページから順に、検索結果ページにリストアップされます。検索の上のほうに出るように、一般のホームページ作成者は、自分のホームページを充実させます。

しかしお金を出せば、充実したホームページかどうかは関係なく、「広告」とカッコ付きですが、必ずトップに出すことができます。

たとえば、「脱毛」で検索したときに、トップに掲載されるのは、「広告」とカッコ付きの大手美容外科医院のサイトです。この広告は月間約5000万円かかります。年間で6億円です。広告費は検索語ごとに異なり、「男性型脱毛症」は月約1000万円で、以下、「脂肪吸引」約900万円、「豊胸」約400万円、「二重術」約50万円と続きます。10個の検索語でトップに掲載させようとすれば、年間十数億かかります。テレビ広告と同じくらいかかるのです。

知らない人は、リストの最初に出てくるのだからよい美容外科医院だと思ってしまいますし、最初に出てくるホームページですから、ついクリックしてしまいます。

苦労して内容を充実させてつくったホームページは、4番目、5番目で目立たなくなり、1ページ目には出なくて、2ページ目になってしまったりします。

ヤフー、グーグルの「検索」に、「広告」という文字付きで出ている美容外科医院は、テレビで広告を行っている美容外科医院と同じように、ケタ違いの広告料を支払っている大手美容外科医院です。


テレビ広告、さらにヤフー、グーグルなどの「リスティング広告」で生き延びている大手美容外科医院は、それ以外のあらゆるところでも、広告し、宣伝します。雑誌、コミュニティペーパーなどは広告費さえ出せばいくらでもできますし、広告に関係のないように見える「2ちゃんねる」などでも、一般投稿者に成りすました広告代理店の担当者が常にチェックしています。

大手美容外科医院に都合の悪い意見が投稿されると、「ほらほら、また出てきたよ。なんか○○美容外科医院に恨みを持っている関係者なのかな」などと、真剣な投稿者を、利害関係者のように仕立て上げて巧みにかわしていきます。これを見抜くのは至難の業です。

なぜそんなに広告をしなければならないのでしょうか。

それは、日本人が美容外科手術を受けたことを隠すからです。

アメリカでは、大統領夫人がどの美容外科医に手術してもらってきれいになったかをパーティで話します。「○○先生の手術を受けて、こんなにきれいになったのよ」と。もちろん失敗したときには大変です。手術をした美容外科医は訴えられるだけでなく、ダメな医師の烙印を押されて、廃業にすら追い込まれてしまいます。

韓国では、美容外科手術をしてきれいになったことを自慢します。失敗したときにも、その情報が一気に広まります。

日本ではそうはいきません。成功しても失敗しても、美容医療を受けたことを隠すのです。それは、「整形美人」という言葉に象徴されるように、「整形して美人になるのはズルいこと」という暗黙の共通認識があるからです。「親からもらった大切な体にメスを入れるなんてとんでもない」という批判もよく聞こえてきます。

芸能人が急にきれいになったり若くなったりしたように見えると、ネットでは「整形に違いない」という書き込みであふれます。その真意は、「本当は美しくないくせに」「整形するなんてルール違反」というところでしょうか。最近は美容医療を受けたことを公にしたり売りにしたりする芸能人もいますが、多くが「キワモノ扱い」され嘲笑されるのを見ると、整形することを嫌い、何も手を加えない「天然もの」をありがたがるのは日本の文化といってもいいのではないかと思います。

そのため、ネットでの「やらせ」の口コミはあふれかえっていますが、本当の意味での「口コミ（信頼できる人からの対面での情報）」は、日本の美容医療の世界にはほとんどありません。

これでは、よい美容外科医院も悪い美容外科医院もわかりません。それを喜んでいるのは、お金儲けに走っている美容外科医院だけでしょう。

さらに、「朝日・毎日・読売・産経」の4大紙は、日本医学会にも所属せず、2つの美容外科学会がある美容医療業界について、事件や事故以外の情報を報道することに非常に消極的です。

いい加減な治療をしている美容外科医院で、手術で亡くなった、麻酔で亡くなった、集団訴訟団が結成されたなどと報道され、「2ちゃんねる」などを通じて悪い話も広がっていきます。

患者を集めるためには、美容外科の実情を知らない若い女性に「こんなにテレビ広告をバンバン打っているから信頼できるに違いない」と思わせなければ、誰も来なくなって、経営が成り立っていきません。

客寄せパンダの院長と、1週間の研修の未熟医

広告費と反対に、医療費はできる限り抑えなければなりません。

形成外科・美容外科で、技術と経験のある医師は少なく、雇うには高い給料が必要です。

そこで総院長などの名前で東京の本院だけ、「広告塔」や「客寄せパンダ」として美容外科の技術と経験のある医師を置いて、ひどい場合は名前だけのお飾り院長にします。

一方、全国20〜40に至る地方の分院には、現地の医師（専門や技術は不問でお金儲けに興味のある医師）を募集して院長にし、医師免許を得たばかりの研修医や、義務研修を終わったばかりの医師に治療させて、医師1人あたり1日に10人以上もの患者の手術を義務付けます。

薬なども安いものを使います。ひとことで「ヒアルロン酸」と言っても、今やアメリカの一流メーカー製品から中国製の内容不明の製品まで、ピンからキリまで20種類以上あります。

注射器の使い回しも常態化しているという話もよく聞きます。厚生労働省が指導を放棄しているのですから何でもできます。「野放し医療」「やりたい放題」「やったもん勝ち」です。

でも大々的にテレビなどで宣伝すれば、芸能人が来ることもあります。芸能事務所から依頼があることもあります。失敗すれば大変です。

東京の本院に、広告塔や客寄せパンダとして美容外科の技術と経験のある医師を置き、名前だけ借りている医院はその医師の出番です。東京本院にも腕のいい医師を置いていないときには、あらかじめルートをつけてある、大学病院などの腕のある医師に依頼します。

芸能人をきれいにしたり、テレビ番組で出演者をきれいにしている術前・術後をテレビで見て、「〇〇美容外科クリニックってすごい」と思って「私も」とその美容外科医院に一般の患者が行けば、「1週間の研修」だけで手術をする医師や、大学病院から来ている研修医のアルバイト医師に手術されてしまいます。

アルバイトですから、出勤するのは月に1回とか3回とかです。失敗しても、そのたびに別のアルバイト医師が治療します。よい治療や修正ができないのは当然です。

もちろん、患者自身にも責任があります。自分の顔にメスを入れる医師の名前も、経歴も知らないで手術してもらおうとするのですから。でも、調べようにも広告の嵐でなかなか本当に知りたい情報にたどり着けなかったり、という現状を考慮すると、患者の自己責任だとはとても言えません。

治療・手術は、1日に3〜4件が限度

医療は、美容外科に限らず、どんなに技術が発達し、薬が進歩し、ロボット手術ができるようになっても、大量生産品ではありません。当然のことですが、個々人の症状・体質・状況に合わせた究極のカスタマイズが必要です。

治療は、医師と患者との、「一対一」の対決です。

受ける人は、自分の状況・状態をしっかり話し、どのように治してほしいのかという希望をしっかり医師に伝えます。医師はそれに対して、医師としての技術と経験から導き出された治療法を開示し、自分が対応できる医療を提案します。それが一致して初めて治療がスタートします。

医師が患者の要望を聞いて、そのような要望に応えられないと感じた時には、医師が断ります。タレントの顔写真を持ってきて、こんな細いあごにしてほしいと言ったときに、「そんなことをすれば、歯が生えている歯槽骨が細くなって歯がグラグラになってしまう」と思えば、正常な医師なら無理と判断して断ります。

ところが、大手美容外科医院の医師には、億単位の広告料に見合うだけの、その日の売り上げ金額が決められています。細いあごにするための手術は、あごの骨を削る必要のある、全身麻酔の必要な大きな手術で、大きな売り上げです。

しかも患者は、「歯が必ずしもグラグラになるわけでもないんでしょう」「うまくやってよ」と迫ってきます。手術を断ることは、億単位の広告を見てやってきた貴重な収入源を捨てることです。大手美容外科医院の医師はこの手術を実行せざるを得ません。

個人経営で、奥さんと2人で「鼻の美容外科」を専門にしている、東京都中野区の美容外科医、古川晴海医師（中野坂上クリニック院長）は、鼻の手術について次のように話しています。

鼻の手術は、女性の場合は美人になりたいという軽い気持ちですが、男性の場合は、鼻を高くすることによって人生が変わると思っている人が多い。ゆっくり話し合って、「この人はあまりにも鼻に対する執着心が強すぎる」と思われる人はお断りします。

男性の場合は10人来られたら7人くらいを、女性の場合は10人中3人の方を断ります。

大手美容外科医院は、膨大な宣伝費をかけてそれに見合う売り上げを出すのが第一の目的です。私のように手術を断ることは決してせず、患者さんが言えば何でもやってしまいます。

一日に30件の治療・手術——大手美容外科の現場

ある有名な大手美容外科医院の院長が、『週刊ダイヤモンド』(2013・8・30号)で答えています。

「もっとも多忙な美容外科医　Aは1日にオペ30件」という見出しタイトルがついた、掲載原稿を引用します(当該記事では実名となっていますが、本書では匿名で掲載します)。


診察予約は1か月待ちで、「今、最も多忙な美容外科医」と称されるAクリニックA院長の1日を追った。

10：00　スケジュールは10分刻み、怒涛の1日がスタート
朝6時に起床すると、まずはブログの原稿を執筆。朝食後、愛車のプリウスを走らせ9時にクリニックに到着。A氏指名の予約は10分刻みで組み込まれており、診療開始とともに、カウンセリングとオペを次々とこなす。

12：45　玄米と野菜たっぷり　愛妻弁当でつかの間の休息
同じA院の医者であるA夫人お手製の弁当を頬張る。治療を自ら試すため実年齢（38歳）よりも若く見えるA医師。「永遠の27歳を目指している」とにっこり。父であるB院長の若返り手術も執刀した。

13：00　二重から豊胸、骨削りまで多様なオペを30件こなす
昼食後、再びカウンセリングとオペへ。多いのは二重まぶた手術だが、大学病院で麻酔救急科と、形成外科に勤務した経験と、脂肪吸引や豊胸、骨削りなどの実績を積んだことから、どんなオペもこなす。

19：30　診療後は医者の採用・面接　ブログ更新も欠かさず

診療後は休む間もなく、夫人と共に医者の採用面接。美容外科医の求人はフェイスブックで募るのがもっとも有効という。帰宅後に日課のブログ更新とホームページのコンテンツ作成。週1日の休みは子どもと遊んで過ごす。

「週刊ダイヤモンド」（2013・8・30）より

先ほどの「鼻の美容外科」だけを専門にしている古川晴海院長は、治療の人数について次のように語っています。

1日の平均の患者さんは2～3人で、手術は1日1人を原則に、週に3人の患者さんを手術するくらいがいいと思っています。手術が細かいので1日1人でもかなり疲れます。いちばんエネルギーの必要なのは1人1人の患者さんに合わせてシリコンを削ってつくることで、シリコンを挿入するのは間違いなく入れれば30分で終わります。

私の感覚からすると全国にチェーン店を持つ美容外科医院のように、1日に1人の医師が5人も10人も鼻の手術するというのは信じられないことで、それだけ短時間に多くの手術をしようとすればどこかで手を抜かないとできるわけがありません。いろいろなトラブルが発生しても当然だと思います。

拙著『信頼の名医　形成外科美容外科』より

『週刊ダイヤモンド』に掲載されていた大手美容外科Aクリニック A院長の手術件数は、1日30件です。大手では、助手の医師や看護師が手伝うのでしょうが、あまりに多すぎます。

しかも30件の中には、全身麻酔の必要な、脂肪吸引や骨削りなどの大きな手術も入っていますから、さらに驚きです。

「日本一のクリニックをつくる」という夢

もうひとつの、「大手美容外科院」の経営の典型的な例を出します。B美容外科クリニック総括院長が自身の著書でこのように書いています。

２０００年にS市で美容外科クリニックを立ち上げました。２０１４年現在で、全国に40数拠点にまで拡大、海外進出を果たし、年間患者数は60万人、治療実績73万件の美容外科クリニックに成長させています。

スタートしたとき私は30歳。研修医を終えたばかりの私は、医者としてまだまだ新米でした。そんな状況にもかかわらず無謀にもクリニックを開設してしまったのです……。（中略）

その頃はただひたすら『日本一のクリニックをつくる』という夢を漠然と描き続け

て…（中略）

私の経歴を見て、『美容外科医としての修業が足りないのでは？』と感じる人も多いと思います。

しかし、そうした経歴も、早く医者として自立し、両親を安心させてあげられるような収入を得たいという一心からのものでした。そのためには無給に近い大学病院の医師をする余裕はないと考えました。

医療を食いものにして、大金を儲けるというのはこういうことなのだと、それなりに感激です。

この孝行息子の医院は、私のホームページの相談室に、「失敗しました、どうしたらいいですか」という相談数が多いクリニックの一方の雄。もうひとつ古くからあるC美容外科クリニックと並んで、失敗美容外科の2大横綱です。

料金の安さにひかれて受けてみると、驚くばかりの高額に

このC大手美容外科クリニックは、ホームページなどに掲載されている料金が極端に安いことでよく知られています。

春先には、どこの美容外科医院にも、

「お宅の医院では『埋没法』の二重まぶた手術やってますか」

「はい」

「費用はいくらですか」

「○○円です」

「あ、そうですか。ありがとうございました」

という電話がかかってくるそうです。

埋没法の二重まぶたは、「プチ整形」だからどこの美容外科医院で受けても同じ、だったらいちばん安いところで受けようと、電話をかけまくる患者さんがいるそうです。

金額を抑えたい患者さんは、C美容外科医院にひっかかります。しかも何度でも無料で修正しますと言われて、安い上に安心だ、信頼できると思うのです。

しかし埋没法による二重まぶたは、簡単なようで美容外科医の腕がもっともよく表れる手術です。皮膚とまぶたを糸で結びつけるだけですが、クイックと呼ばれる1点どめ、2点、3点から6点どめまで、医師によっていろいろです。結びつける強さの加減が難しく、上手にできれば数十年持つこともありますが、下手な医師にかかればすぐ緩んで一重になったり、まぶたの瞼板を傷つけたり、結んだ糸が眼球にこすれて痛みや違和感があったりします。

さらに、「安いから」と実際に受けてみると「あなたの目は脂肪が厚くて普通の方法ではできません」と結局他の医院と同じ費用を請求されることも多いようです。このような悪徳美容外科医院では、この手法をラーメンや丼物の上に追加する具になぞらえて「トッピング」と呼んでいます。

それだけでなく、技術が未熟なために、二重が元に戻り、「やり直しは無料」とはいうものの毎回違った「大学からの先生」という、研修生に触られ、何度してもきちんとできない……。

「こんな医院はダメだ」と他の医院へ行ったときには、まぶたの糸が絡まって取れないなど取り返しのつかない状態になっている場合もあります。ついに訴訟に踏み切っても、涙金で終わります。

だからと言って高ければ高いほど上手だということもありません。

治療費は患者の一人一人の症状や希望で変わるものですし、安いからいい治療が受けられないとか、高いから技術が高いということもありません。きちんと研修を受けた医師は、それだけの自信とプライドがありますから、むやみに安くしませんし、自分の技術を多くの人に役立ててほしいと思っていますからむやみに高くしません。

「同じ手術だったら安いところで受けよう」とか、「自分の予算内でできるところを探そう」とするのはもっとも危険な美容外科の受け方です。この医院なら信頼できるというところを選んで、その医院の治療費が自分の予算より高い場合には、もう少し貯金をしてからとか、無理のないローンにしようかと考えるのが正しい受け方です。

美容外科手術は車を買うのとは違います。安い車は買って気に入らなければ売ることができます。でも自分の顔は、当然のことですが、売ることは絶対できません。**美容外科手術は、1回きりの大きな転換点と考えて受けることが大切なのです。**

クレームは無視、言い訳、最後は弁護士が出てきて涙金で示談

手術に満足できない患者からクレームがつくとまず無視します。患者が何度も問題を訴えるとノラリクラリと言い訳をしてあきらめるのを待ちます。それでもあきらめないで「訴訟する」と言うと、そんな時のために契約している弁護士が出てきて、せいぜい5万～10万円の示談金で収めようとします。

患者が訴訟をしようとすると、多額のお金と時間がかかり、そのストレスは並大抵では

なく、訴訟に勝てるかどうかもわかりません。日本では、自分が受けた手術が失敗であったことを、患者自身が医師を証人として立てて証明しなければなりません。一般の医療過誤でも、患者がそういう手続きを取って訴訟し勝つことは、非常に難しいのです。**特に美容外科の場合は、美容外科に詳しい弁護士の少ないこともあって訴訟することが難しく、勝つことはさらに難しくなります。多くの患者が泣き寝入りします。**

たとえ裁判に勝ったとしても、傷つけられた顔や体は元に戻らないことも多いのです。

アメリカは「訴訟天国」と言われているように、弁護士の数が人口比で日本の32倍もいるので、日本の美容外科のように質の悪い美容外科医は訴訟で振り落とされます。あまりに医療訴訟が多いので、アメリカは美容大国ではあるけれど、新しい美容治療の開発は、医療訴訟を恐れて行われず、今アメリカの美容外科の大きな部分を占めている「脂肪吸引」もフランスの美容外科医が開発してアメリカに持ち込まれた技術です。一般的に行われていない技術を採用すると、医療訴訟ではマイナスの要素になるのだそうです。

大学付属病院は、「研究」「教育」がメイン、「診療」は第三の任務

美容外科医療を診療している大学付属病院も増えてきました。

しかし、一般医療でも言えることですが、**「大学付属病院だったら、最高の治療が受けられる」と考えるのは間違っています。**

大学の医学部、医科大学には、「研究」「教育」「診療」の3つの任務がありますが、その3つの中では「研究」「教育」がいちばん大切です。患者さんは「診療」を受けに行くのですが、その「診療」は、医学部としては、これまでの治療では治らない病気を「研究」し、まだ一人前の医師とは言えない研修生を「教育」するためにしています。

だから「大学医学部付属病院」という名前がついています。

大学付属病院で診療を受ける時には、

・現代の医療でまだ治療法の確立していない病気を研究するために治療していることがあること

・経験の少ない若い医師が、経験のある医師の指導を受けて研修しながら診療していることもあること

を知って受けることが大切です。

「研究」が主体の治療の時には、医師から「この病気については治療が確定していません。放置すれば死に至る可能性が非常に高くなります。治癒率などが確定していませんがこの治療法をします」など、説明があるのが普通です。また「研修」が主体の時には、ベテラン医の指導の下に学生が治療をすることを患者に頼むところもあります。

ある歯学部の教授は次のように語っています。

初診の患者さんが来院された時、20分ぐらいお時間をいただいて、「簡単な治療で

すから学生にやらせていただけませんか」とお願いします。「どんな仕事でも初めてが必要ですし、最初は誰もが学生です」と理解していただき、治療経費はすべて大学が負担します。

すべての場面でベテラン歯科医師が付き添っています。指導教員が「私がやるから見ていなさい」と言うほうが楽で、リスクもなく、患者さんも安心ですが、学生自身に治療させないと、いつまで経っても学生に実力はつきません。

将来、完璧なマネキンができて、シミュレーターが可能となるかもしれません。今、それを開発してるところもありますが、まだまだです。実際の患者と同じように、咳き込んだり、急に顔を動かしたりなど、いろいろなことが全部真似できる完璧なマネキンをつくったとしたら、1体2千万円くらいになるでしょう。それを何百台と学生の数だけ準備するとなると、これはまた難しい問題です。

一般医科の場合は学生とベテラン医師が一緒に治療できます。患者さんが麻酔で眠っている時には、学生に「そこ縫ってみなさい」と指示をすることも可能でしょう。ところが歯科治療の場合には、学生が患者の前に立てば、指導医には患者の口の中はまったく見えません。覗くことすら難しい状態です。そのための基礎訓練はやっていますが、学生が一人でやるしかありません。ベテラン医師と一緒に手を取り合ってやるなんてできません。「完全にお前に任せる」「がんばれよ」と励ますことしかできません。

ベテラン医師が自分でやる方が簡単です。「こうやって……。そこが違う」と指導するのは、難しく、神経も体力も必要です。また、患者さんをようやく説得してご協力願っているのに、その場で「違う違う、そこではない」とか言ったら、患者さんが怖くなって「もう止めてください」となりかねません。「ちょっとおいで」と別の場所に研修生を呼んで「まずこうしないといけないだろう」「はい、わかりました」と指導します。私たちもそうやって実地研修を受けてきました。

ある大学病院の美容外科では、「脂肪幹細胞」といって、脂肪などの細胞の元になる細胞を移植するなどの方法で、脂肪注入による豊胸を研究しています。そういう大学で受診する患者には、「新しい治療の研究・開発のために脂肪注入による豊胸手術をしています。ご希望通りの豊胸が確実にできるかどうかはわかりませんが受けていただけませんか。うまくいかない場合でも大きな障害はなく、万全の安全対策をとって治療します」といって、承諾を得て、研究のための治療をします。

今はどの診療所でもしている、細胞の中の核の遺伝子に働きかけて、皮膚の細胞分裂を早めたり、コラーゲンをつくらせたりする、トレチノインやレチンAとも呼ばれるレチノイン酸による治療は、10年前には治療が確立していなかったのですが、この大学病院で患者の協力による研究治療が行われて、現在では一般の美容外科医院にも普及しています。

大学付属病院では、患者は新しい治療法を開発するために治療を受けることもありますし、また、優れた医師を育てるために研修医による治療を受けることもあります。

どんなに腕がいい医師でも、最初は誰かの指導を受けながら恐る恐るメスを使い、それを何度か繰り返しているうちに短時間に鮮やかな手術ができるようになって、一人前の医師になります。

出っ歯や受け口の治療は、上あごや下あごの骨を削らなければならないハードな治療ですが、ある名医は次のように言っています。

私がこの手術をやり始めて間もない14、5年前には、恥ずかしいことですが、10時間くらいかかっていました。しかし同じような手術を今では2時間少しでできます。口の中の奥の骨ですから、最初は恐る恐る切っていきます。どうしても時間がかかります。しかしある程度慣れてきて、ここを触ると危ない、これ以上いくと危ないということがわかるようになれば、自信をもって手際よく短時間でできます。
最近では上のあごと下のあごと両方を切って、1時間で終わったケースもあります。

大学附属病院へ行けばどんな美容外科治療でも、いちばんいい治療が受けられると思うのは正しくありません。教授があごの骨削りの名医だとしても、必ずしもその教授が直接手術するわけではなく、その教授が指導して若い医師に手術させることもあります。

しかし若い医師に手術させるといっても、指導がしっかりしています。**医療で金儲けすることだけを目的としている「大手美容外科医院」や「ついでにクリニック」で治療を受けるのに比べれば、ずっと安全でよい手術が受けることができます。**

また、10年前のレチノイン酸治療や、今している脂肪幹細胞による豊胸などは、患者が納得さえすれば他の医療機関で受けられない最新治療を受けることができます。

さらに、大学付属病院では、治療をしていない分野の場合には、信頼できる美容外科クリニックを紹介してくれる場合もあります。

またその大学付属病院では、施設などがなくて患者の希望する手術ができなくても、その大学付属病院の教授が、大学の外の美容外科クリニックで手術していて、その医院に行くように指示する場合もあります。

一方で最近では、神戸大学医学部美容外科のように、一般の美容外科クリニックと同じように、研究・教育だけでなく、あらゆる美容外科治療を積極的にしているところもあります。北里大学のように、医学部とは別に「美容医療研究センター」をつくったり、昭和大学のように、出身者のクリニックで大学の教授クラスが治療しているところもあり、こういう大学病院では、安心して診療を受けることができます。

最近では全国に30以上もの大学に美容外科の診療科があります。それぞれの大学で治療システム、治療内容が異なりますので、一つ一つの大学を、ネット・メール・電話・ファクスで、調べたり問い合わせしたりすることが大切です。

大学付属病院だけでなく、総合病院で美容外科診療をするところも増えてきています。しかし形成外科に併設されている場合が多いため、すべての美容外科治療をしているのではなく、アンチエイジングを中心にしているところが多いようです。大学付属病院と同じように、ネット・メール・電話・ファクスなどで十分調べてからカウンセリングを受けるようにしたほうがよいでしょう。

美容外科医に形成外科の知識・技術は不可欠

ここまで、国民皆保険制度の中で、安穏と医療をしている医師と、「野放し医療」「やりたい放題」「やったもん勝ち」の、強欲、金儲け美容外科医についてレポートしました。

でもそんな安穏医療の医師、また「野放し医療」「やりたい放題」「やったもん勝ち」の美容外科医ばかりではありません。こんな日本の医療システムの中でがんばっている「本物の」信頼できる医師もたくさんいます。


形成外科や美容外科だけでなく、医療のある分野を専門に診療しようとすれば、それぞれの科の専門能力を身につけることが必要です。

多くの医師は、医師免許を取得して、2年間の研修を終わった後、自分の出身大学、あるいは他の大学医学部の「医局」に入って3～5年間の本格的な研修を受け、専門医になるための腕を磨きます。

医局というのは、大学医学部が「研究」「教育」「診療」という3つの使命を行う核となる、教授をトップにしたシステムです。

教授の指導の下に「研究」が行われ、医学部での講義などの「教育」が行われ、その大学病院や系列病院での「診療」が行われます。医学部はこれらの医局の集合体です。

医局での「研究」「教育」「診療」が終わった後、局員は大学に残って教授を目指す医師、勤務医として臨床医としての腕を磨く医師、開業医として診療の第一線に立つ医師などに分かれ、医療の世界を担う医師として育っていきます。

形成外科は、身体の表面の外科

美容外科を専門に治療をするためには、大学の形成外科の医局で3~5年かけて基礎技術をしっかり身に付けなければなりません。

形成外科は、「身体の表面の外科」と言われるように、交通事故で顔・手などが傷つけられてしまった患者を、外科医と一緒に手術して、命を救うだけでなくきれいに修復したり、がんの患者を、がん専門医と一緒にがん切除部の皮膚に体の他の部分の皮膚を移植してきれいに修復したり、乳房切除の患者の乳房再建などを、乳腺外科の医師と一緒にきれいな乳房にするなど、非常に高度な技術を必要とする科です。

形成外科治療の特徴をよく表しているのは、切り傷の縫い合わせを「中縫い」で行うことです。

たとえば、子どもが顔を打って、2センチほどの長さの傷ができて、かなり出血したとします。一般外科に連れて行くと、止血した後、皮膚表面を糸で1センチ間隔で縫っていきます。しっかり傷の両端がくっつくように、2週間近く経ってから抜糸します。このような手術では多くの場合ムカデの足のような傷がつきます。傷が収まってからでは、それを治すのに、レーザー照射など、大変な手間がかかり、完全に治りきるとは限りません。

ところが形成外科では、「中縫い」という縫合法を使って、最初の手術でほとんど傷跡が残らないようにきれいに治します。

皮膚は、表面から、表皮・真皮があり、その下に脂肪を含んだ皮下組織、さらに筋肉、そして骨になっています。傷が骨にまで達していると整形外科の領域になりますが、傷が骨に達していない時は形成外科の分野です。

一般外科では、表皮を糸で縫い合わせるだけですが、形成外科では、表皮を糸で縫う前に、下の層から、筋肉・皮下組織・真皮をそれぞれ、切れた両方の組織を合わせるようにして縫います。筋肉・皮下組織まで切れていることはありあまりませんが、真皮はほとんどの傷で縫い合わせます。これを「中縫い」といいます。

糸はそのまま残しておいて、最後に表皮にかかります。下層の真皮などをしっかり合わせて縫っていますから、表皮は糸で縫わなくてもきっちりくっついています。それで大丈夫だと思われた時にはテープを貼っておくだけで十分です。糸で縫ったほうがよいと思われるときには、5ミリ間隔の細い糸で縫って、糸の跡が付かないように3~5日ほどで抜糸します。これによって、治癒すると傷がほとんどわからなくなります。

一般外科では「中縫い」はほとんどしません。というより、一般外科では、傷跡を真皮を縫ってまできれいにする必要がないので、「中縫い」の技術を医師が習得していないのです。形成外科医だけの特技と言えます。

日本でも、最近は、ほとんどの大きな病院に形成外科があります。子ども、特に女の子で顔に傷を受けた時には、当面の治療として一般外科にかかっても、1週間以内に、形成外科に連れて行って、傷跡の残らない再手術をすることをおすすめします。

アメリカでは、お母さんの常識です。

形成外科技術をさらに応用するのが美容外科

形成外科で3～5年の研修を受けて、難しい試験を受けて、「日本形成外科学会専門医」の資格を取得し、将来病院などに形成外科医として勤務する医師は、そのまま研修を続け、病院などの形成外科医となります。

「形成外科」の中に「美容外科」があります。美容外科は形成外科の技術を使って、正常である状態をより美しくすることを目指します。

形成外科の研修を受ける中で、将来美容外科を志す医師は、形成外科の研修を受けてから3年くらいして、美容外科の研修を受け、「日本形成外科学会専門医」の資格を取得してから、さらに優れた美容外科医院に入り、指導を受け、実地で腕を磨き、難しい試験を経て「美容外科専門医」になります。医学部を卒業して10年近くかけて、35歳くらいでようやく一人前の美容外科医としてスタートするのです。

「美容外科をするために、形成外科のトレーニングを受けるのは当たり前のことです」というのは、顔面・輪郭などの美容外科で定評のある開業医のB医師。

形成外科の医局では、まず手術跡を目立たないようにする手術を教わり、手・足・腹部などの手術をさせてもらえるようになり、それから顔面の手術や口唇裂など、大きな手術を教えてもらえるようになります。病気でもない顔にメスを入れることのできるのはそれからです。

顔面・輪郭など骨組の手術は、10年近くいろいろなことを経験してようやく手がけさせてもらえる手術です。

さらに優れた美容外科医院のスタッフになって、美容外科の研修を積んで、「美容外科専門医」になります。

美容外科の治療の最大の特徴は、「健康な」顔や体に、メスを入れたり、レーザーなどの熱を加えたり、薬を注射したりすることです。現在もっとも高度な技術・設備・スタッフを必要とするのは心臓外科の手術だと言われていますが、それとは別の意味で、最新・最高の技術を使って、専門の知識を持つ医師が、全力を挙げて取り組まねばなりません。

さらに、**形成外科は、けが・やけどなどを元に状態に戻すことが目的の科で、美容外科は、健康な状態をさらに美しく、若々しくすることが目的の科です。**技術的には美容外科は形成外科の応用ですが、目指すところが違います。

たとえば、「きれい」と「かわいい」という言葉がありますが、これは、形成外科では問題になりませんが、美容外科では大きなテーマです。

「きれい」は、知的・クール・大人っぽいイメージで、左右の目の大きさ、目と目の間の距離が、すべて等間隔、鼻の大きさ、輪郭なども美しいバランスを保っている、いわゆる美人顔です。若い人が「きれいになりたい」と言う時には、その方向で、あごを細くしたり、鼻を高くしたりという手術になります。

一方「かわいい」というのは、女の子っぽい、ホンワカとした温かいというイメージ。目と目の間隔が広く、鼻の付け根が低く、目尻が下がって、全体的にフラット。「かわいくなりたい」と言う場合は、鼻などのパーツを触らないほうがよく、美肌にするほうが重要です。アンチエイジングで「かわいく」と希望する人で、若いときに鼻にプロテーゼを入れていた人は、取り除くほうがかわいくなります。

ところが形成外科だけを研修した医師は、そのことがわからず、「かわいい」顔を希望の人に、鼻の鼻中隔延長をし、額とあごにプロテーゼを入れ、「きれい」な美人顔をつくってしまいます。

手術は成功したけれど、受けた人はまったく満足しない。形成外科としては、大成功だけれど、美容外科としては大失敗。他の美容外科で、鼻・額・あごに入れた人工物を、全部取ってもらったという女性もいます。

「クレオパトラの鼻が、もう少し低ければ、世界の歴史は変わっていたであろう」という言葉は、顔の一部分のごく小さな違いが、世界の歴史を動かすほどの大きな力を持っていることを示しています。**二重まぶたの幅の1ミリの違いや、カーブの角度など、細かいこ**

とですが、その小さな違いが手術を受けた人の人生に大きな意味を持ちます。

2つの同名の「日本美容外科学会」の罪

国が適正な指導をしなくても、医師の強い団体があれば、その会員数を確認し、治療内容を把握し、指導することができます。その団体に所属しているかどうかで信頼できる医師かどうか判断することもできます。

美容外科医療にも、美容外科医を会員にした、「日本美容外科学会」という団体があります。**ところがとんでもないことに、日本には「日本美容外科学会」というまったく同じ名前の団体が2つあるのです。**

ひとつは、**「日本美容外科学会」（英語ではJapan Society of Aesthetic Plastic Surgery 略称JSAPS** ジェイサップス）。もうひとつは、**「日本美容外科学会」（英語ではJapan Society of Aesthetic Surgery 略称JSAS** ジェイサス）です。

日本名はまったく同じ、英語ではPlastic（形成）が入っているかどうか、略称でもPの字があるかないかだけ。しかし内容はまったく違います。

ここでは混乱を避けるために、略称の「JSAPS」と「JSAS」と表記します。

「形成外科専門医」の資格を持つ医師しか正会員になれない「JSAPS」

「JSAPS」は、所属できる条件が非常に厳しく、信頼できる医師団体です。医師免許を取得し、義務研修後、3〜5年をかけて、大学の医学部・医科大学で、形成外科の研修を「顔を含め、頭のてっぺんから足の爪先まで」受け、「日本形成外科専門医」の資格を得た医師だけが正会員となります。

「日本形成外科専門医」の試験はかなりの難関です。

①本人が直接形成外科手術をした３００症例の症例一覧表
②３００症例のうち、20症例の図を伴う症例記録（やけど・顔面骨折・先天異常・外傷・

アザ・褥瘡・美容外科など、11項目中8項目以上）
③形成外科の一般知識についての筆記試験
④研修記録について口頭試問

これらの試験にパスすれば、「日本形成外科学会専門医」の資格を取得できます。さらに5年ごとに資格の更新をしなければなりません。

治療を受ける際、医師の経歴で必ず見なくてはならないところは、ただ1か所、「日本形成外科学会専門医」の資格を取得しているかどうかです。**美容外科手術をするのに必須の基本技術を教えるのが「形成外科」ですから、これを習得していることの証明である「日本形成外科学会専門医」であることは、美容外科として信頼できる医師の最低条件なのです。**

さらに、信頼できる美容外科施設などで美容外科の研修を受けた後、ＪＳＡＰＳの「日本美容外科学会（ＪＳＡＰＳ）専門医」試験を受けます。

この試験も「日本形成外科学会専門医」の資格試験同様、非常に難しい試験です。

美容外科医には、形成外科医出身のJSAPS所属医とその他の科出身のJSAS所属医がいる

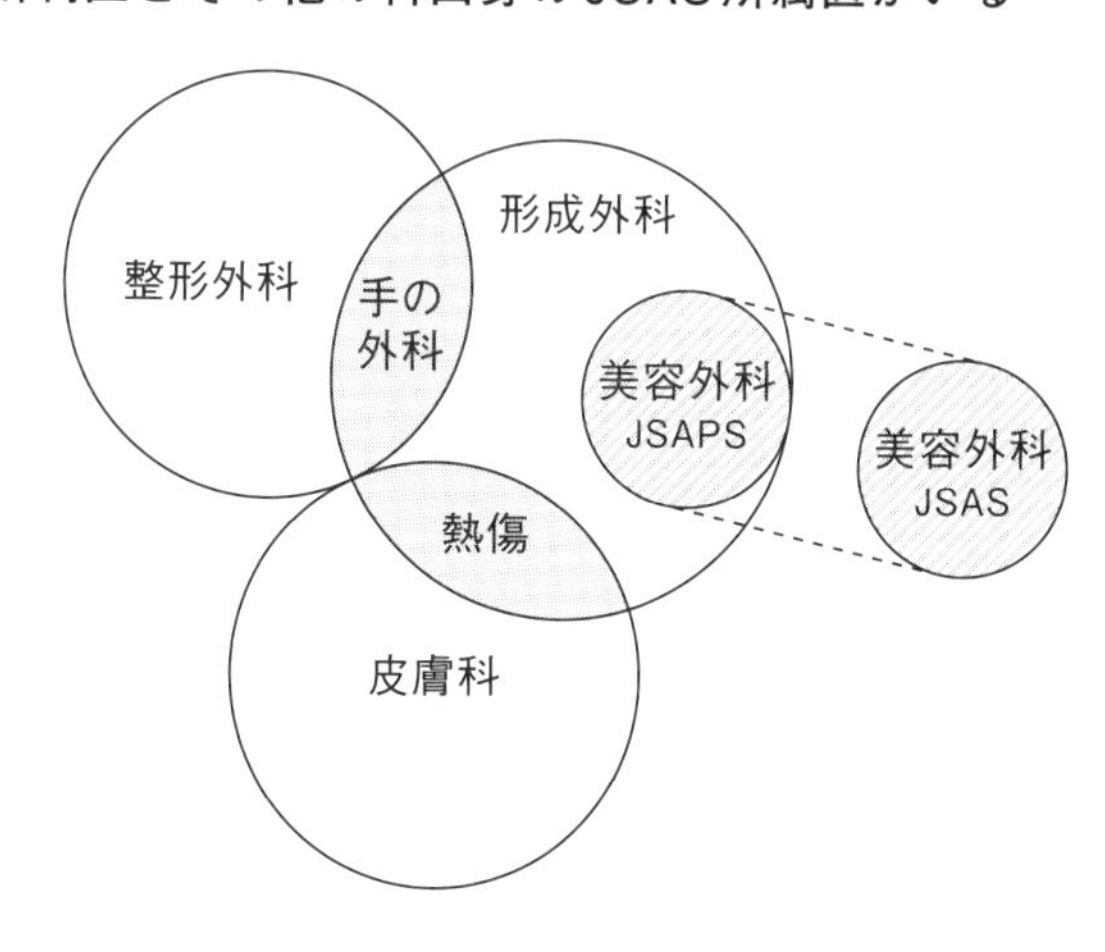

ＪＳＡＰＳの「美容外科専門医」になるためには、美容外科の手術のすべての範囲にわたる20症例の手術実績の記録の提出を求められます。その記録をもとにＪＳＡＰＳの審査を受けて試験にパスして、初めて「美容外科専門医」となります。手術実績の記録を提出するためには準備に5年以上かかります。

医学部を卒業、2年間の一般研修の後で、「日本形成外科専門医」になり、さらに「日本美容外科専門医」になるのには最低10年はかかります。年齢にして35歳です。この「日本美容外科学会（ＪＳＡＰＳ）専門医」こそ、本物の「美容外科専門医」です。

医師免許さえあれば会員になれる「ＪＳＡＳ」

もうひとつの**「ＪＳＡＳ」は、医師免許さえあれば、医師免許取得、義務研修後の26歳の医師でも会員になることができます。**

「ＪＳＡＳ」にも「日本美容外科学会専門医」の資格がありますが、10年かけて取得する「ＪＳＡＰＳ」の「日本美容外科学会専門医」の資格とはレベルがまったく違います。

ＪＳＡＳの専門医資格は、「5年以上美容外科臨床を研修した者」とありますから、26歳で義務研修を受けてすぐ、美容外科医院で手術を行って5年経過すれば、専門医の受験資格ができて、ＪＳＡＳの試験を受けてパスすれば、「ＪＳＡＳの美容外科専門医」になれます。

「義務研修を受けてすぐ、美容外科医院で手術」ということは、形成外科の3〜5年の研修を受けないで、患者さんを試験台にしてお金を取って手術したということです。

形成外科の研修抜きの、美容外科試験の程度の低さは、誰にも明白です。

つまり、信頼できる美容外科医の最低条件である「日本形成外科学会専門医」の資格を

美容外科治療をする医師は、
経歴などにより3パターンある

日本美容外科学会(JSAPS)所属医師	**日本美容外科学会(JSAS)所属医師**	**無所属医師** 美容外科関連団体所属なし
医学部・医科大学卒・ 国家試験パス、 2年の義務研修	医学部・医科大学卒・ 国家試験パス、 2年の義務研修	医学部・医科大学卒・ 国家試験パス、 2年の義務研修
大学の形成外科で 3～5年の研修	美容外科医院勤務 または 美容外科医院開業 **26歳から治療開始**	内科など、勤務・開業 または 大学で形成外科以外の科を研修(2年)後、内科などに勤務・開業 美容外科も治療
日本形成外科学会 専門医試験パス	勤務・開業から5年後 日本美容外科学会 (JSAS) 専門医試験パス	
美容外科医院で研修		
日本美容外科学会 (JSAPS) 専門医試験パス		
美容外科医院勤務 または 美容外科医院開業 **35歳から治療開始**		
関連組織 公益社団法人 日本美容医療協会	関連組織 日本美容外科医師会	関連組織 内科などの学会

持たなくても「JSAS」の「日本美容外科学会専門医」なら取得することができてしまうのです。

2つの同名学会があるため、マスコミ報道されない

医師免許さえあれば、入ることのできる「日本美容外科学会」(JSAS)の会員数が圧倒的に多く、美容外科医をする医師の90%近くを占めていると考えられます。

この2つの組織が同名であること、統一した学会がないことは、美容医療の業界が一般の人に理解しにくい状況になっていることの大きな原因になっています。

同名の「日本美容外科学会」がなぜ2つ存在しているかについては、長い歴史がありま す。

形成外科、美容外科が誕生したのはアメリカでした。第一次世界大戦の際に、砲弾の直撃などですっかり変わってしまった兵士の顔を修復する技術として形成外科が発展し、平

和になると、その応用として美容外科が発達しました。美容外科は形成外科の扱う一領域として、しっかり位置付けられています。

日本では、第二次大戦後に、開業医がアメリカの美容外科を見よう見まねで発展させてきました。これが日本の美容外科（JSAS）のひとつの流れです。

そして一方で、日本の大学医学部にも形成外科がつくられ、その中で美容外科教育が行われ、形成外科を研修した美容外科医が生まれました。これが日本の美容外科のもうひとつの流れ（JSAPS）です。

1978年に議員立法で「美容外科」が標榜科目に認められた時に、2つの美容外科学会が1日違いくらいで登録しました。JSASのほうが早いと聞いています。JSAPSには「日本美容形成外科学会」と登録しようという意見がありましたが、当時美容外科の評判が非常に悪く、日本形成外科学会が「形成外科」という文字を入れることに強く反対したそうです。

この2つの「日本美容外科学会」の統一をはかる動きは、この50年間ずっとありました。関係者が努力し、チャンスが何度かありました。2012年にはもう少しで統一ができそうでしたが失敗して、完全にダメになりました。統一は、半世紀かかっても無理でしょう。

まったく同名の2つの「日本美容外科学会」が存在するため、「日本医学会」にも入れませんし、マスコミはまともな団体として認めていません。

朝日・毎日・読売・産経の大手新聞社は、偏向報道になるとして、美容外科に関する報道をまったくしません。美容外科について報道すると、JSAPS、JSASのどちらかを支援する立場になると強く思っています。死亡事件以外は一切、何も報道しないのです。そういう協定を、新聞社のトップの間で結んでいると考えられます。

マスコミの美容外科「無視」によって、患者は客観的で多面的な情報を得ることができず、圧倒的な量の宣伝に惑わされている現状を考えると、この2つの「日本美容外科学会」が存在することの罪深さを感じずにはいられません。

「矯正歯科医」も経歴に要注意

「美しくなる」というと、目や鼻に注目が集まりがちですが、歯並びや上下のあごの噛み合わせなどの口元の美しさは、顔全体の印象を大きく左右します。ここでは、その重要な要素である矯正歯科の医師の選び方についても言及しておきます。

歯科では、「一般歯科」「小児歯科」「矯正歯科」「口腔外科」の４つの科が大学の歯学部や、歯科大学に設置され、それぞれ専門教育を行っています。

ところが、一般医療の世界で、医師免許さえあれば、30以上のどの科の治療もできるのと同じように、歯科の世界でも、歯科医師国家試験に合格して、1年間の義務研修を修了すると、それまでの専門分野や経験年数に関係なく、歯科医師免許さえあれば、「一般歯科」はもちろん「矯正歯科」「口腔外科」「小児歯科」のどの科の治療も自由に治療し、クリニッ

クの看板に掲示することができます。

一度も矯正歯科治療を研修したことがなくても、「矯正歯科医」と名乗ったり、歯科医院の看板に出したりしてもいいのです。

当然のことですが、「一般歯科」の研修だけでは、「矯正歯科」「口腔外科」「小児歯科」の十分な治療はできません。「小児歯科」は、子どもの成長や歯の生え変わりに応じて適切な治療をしなければなりませんし、「口腔外科」は歯茎の切除、インプラントなどを含む、大きな手術をしなければなりません。「矯正歯科」は歯を動かし、歯並びをよくするという難しい治療です。虫歯、歯周病などを中心にした「一般歯科」だけの研修だけでは、十分に治療できません。

これも戦後の医師不足と同じく、歯科医師不足の時代につくられた法律がいまだに残っているという、日本独特の欠陥医療システムです。

それぞれの科で独自の専門技術の習得が必要です。十分な矯正歯科の教育・研修を受けていない歯科医にかかって、ひどい失敗をする例があります。美容外科の治療で、形成外科の研修をしっかり受けない医師にかかるのと同じです。

その欠陥をチェックするために、「矯正歯科認定医」「矯正歯科専門医」というシステムが、1980年につくられました。これは「日本矯正歯科学会」の認定制度に基づいて、矯正歯科医療に関して、適切かつ十分な学識と経験を備えた歯科医を学会が認定するというもの。

認定医になるためには、学会が指定する研修機関（大学病院など）で5年以上の矯正歯科臨床経験と、学会の審査に合格することが条件となり、さらに指導医になるには、12年以上矯正歯科診療に専従し、研修機関で3年以上の教育・研究に当たることが必要です。

日本中に歯科医は約10万人、その中で矯正歯科認定医は2465名、そのうち543名が指導医です（2007年11月現在）。**歯科医40人に1人くらいしか矯正歯科認定医・専門医はいません。**しかもここ20年ほど、虫歯や歯周病の患者が減って歯科医過剰で、矯正歯科認定医・専門医を持たない歯科医による矯正歯科の治療トラブルが頻発しているので、十分気をつけてください。

特に、「歯を抜かないで治療できる」「短期間でできる」など、耳あたりのよい言葉には注意してください。健康な歯を抜くことに抵抗のある人も多いのですが、歯並びの悪い人は、歯の生える「歯槽骨」に入りきらない歯が生えてきているのですから、歯を抜かないで、きれいに並べるのは非常に難しいのです。

下手な矯正歯科治療で失敗した人も、きちんとした矯正歯科医にかかれば、必ずと言ってよいほど治ります。あきらめずチャレンジしてください。

また大手美容外科などには必ずと言ってよいほど「審美歯科」というのが設置されていますが、「審美歯科」というのは私的な名称で、歯科大学で系統的な教育はされてはいません。審美歯科でできるのは、歯を削ることと白くすることで、見た目をよくするだけです。口元のような、大切な機能が数多くあるところは、「矯正歯科治療」で根本から治療されることをおすすめします。

2章

「信頼できるよい医師」の選び方

最初によい医師にかかることが肝心

美容外科手術は、最初にかかる医師で、成功・不成功の90％が決まります。

一般医療の場合、「風邪をひいたのかな」と感じた時には、まず、家や職場から近い内科開業医の診察を受けます。簡単に治らない場合は、少し離れた耳鼻科開業医などの診察を受けます。それでも治らなかったら、総合病院や大学病院で受けて、そのどこかの段階で治ります。

重大な病気が隠れていれば、それが見つかり、少し時間がかかっても、確かな治療が受けられます。費用も、保険診療ですから3割負担で医院を何軒も回っても、それほど大きな負担ではありません。

でも、美容外科ではそうではありません。

自然の人間の体は脂肪や筋肉の層がきれいに並んでいます。最初の手術では、無理やりメスやハサミで切らなくても簡単にはがすことができます。外見が美しくなるように組織の一部を切り取ったり、シリコンなど必要なものを入れたりします。手術は出血や痛みが少なく、治療時間も治癒までにかかる時間も短くできます。

しかし最初の手術で気に入らなかったり失敗したりして、「修正」手術になると、一度手術をした後ですから、そこに元々あった脂肪や皮下組織が線維化し、癒着・引きつれ・変性が生じているので、きれいにはがすのは難しくなっています。それをメスやハサミを使って、元に戻したり、別の形にするのが「修正」です。

最初の治療より不自然で技術的に難しくなり、出血や痛みが多くなり、治療時間も治癒にかかる時間も長くなります。どんな名医でも修正できないこともあります。

費用も全額自己負担ですから、最初の手術と修正手術とで2倍になります。

修正手術の費用を捻出するために、たとえば朝は新聞配達、昼間は人と顔を合わさないでできる仕事、夜はマスクをつけてタクシー運転手というような生活をしている方が、かなりおられます。

美容外科では、最初の手術の段階で、形成外科の研修で技術を確実に身につけ、患者の意見を十分に聞いて、患者の希望する手術をしてくれる医師を選ぶのが何より大切です。

3~5人の医師にカウンセリングを受ける覚悟を

美容外科手術を受けてみようかなと思った時には、「少なくとも3~5人の医師にカウンセリングを受ける」覚悟をしてください。面倒だと思われるかもしれません。でも、先ほどから述べている通り、最初の手術が肝心なのです。

私のホームページの「相談コーナー」へ来られるのは、90%以上の方が失敗してからです。修正できない失敗もあります。この方々が、最初の手術を受ける前に相談してくれていたら……と思わずにはいられないのです。

美容外科手術は、自宅から近いから、安いから、広告でよく見るから、芸能人もやっているから、という安易な条件で医師や医院を選ぶものではありません。慎重に検討して最初の施術を受けてほしいのです。

受診しようと思ったときには、次項から紹介する条件で受けたい医師をピックアップして、少なくとも3~5人以上のあなただけの医師のリストをつくり、その医師のカウンセリングを受けて、どこで施術を受けるか決めてください。

医院の形態から選ぶ

1章で紹介したように、美容外科医院には次の5つの形態があります。詳しくは42ページ以降をお読みいただきたいのですが、ここでざっくり説明します。

1 個人クリニック

長く続いている医院は、口コミなどでその技術のよさ、良心的な診療姿勢が広まっている、非常に信頼性が高い美容外科クリニックです。院長が治療を行うため、目や鼻、脂肪注入など、医師の得意分野に特化している医院も多くあります。

2　熟練医グループ医院

経験と技術のある医師が治療を担当しているので、信頼できます。

①一医院で院長がマネジメントして複数の医師が勤務している形態と、②優れた医師4、5人がグループをつくって複数の医院で治療する形態の2つがあります。個人クリニックよりもさまざまな分野を広範に治療できるのが特徴です。

3　ついでにクリニック

かかってはいけない非常に危ないクリニックです。

元々、「内科」「皮膚科」「産婦人科」などを標榜している個人クリニックで、これまでの専門の診療科に「美容外科」を「ついでに」付け加えて、美容外科治療をしている個人医院です。きちんとした知識もなく研修も受けずにある日突然治療を開始するのですから、非常に危険です。

4　大手美容外科医院

よく注意して受けないと非常に危険です。

年間数十億の広告費で患者を集め、広告塔の院長や医師は1日に30件もの手術をしています。さらに、全国で何十もの医院をチェーン展開しているので慢性的な医師不足です。内科医に1週間ほどの研修を受けさせ、いきなり施術させるようなことを平気でやっています。

それでも医師が不足する場合には「大学の先生」のアルバイトを使います。「大学の先生」と言うと、教授・准教授・講師などを想像しますが、そんなことはめったにありません。よくて形成外科の医局で研修中の若い医師、悪い時には2年間の義務研修中の研修生がやってきます。

受ける場合は、どの医師が施術するのか自分で確認して納得してから受けましょう。

少し補足すると、大手美容外科で大学の形成外科の研修医が、アルバイトで診療をするシステムは、医院のスタッフだけでは対応しきれない大量の患者がやってきたときに、すぐに来てくれる控えのスタッフを確保するために、大手美容外科にとっては非常に便利なシステムです。

また、形成外科の研修医にとっては、大手美容外科に来る大量の患者を診療することによって、自分の技術をアップすることができて、またアルバイト料を得ることができるので、なくてはならない非常に大切なシステムです。

大学の形成外科の教授にとっても、大学の美容外科に来る患者の数は大手美容外科とは比べものにならないほど少ないので、実地研修となる大手美容外科のアルバイトは、公式には認めていませんが、なくてはならない存在です。

日本全国で、国公立大学を含む、30近い大学の形成外科で美容外科医の教育を行っていますが、大学の下に多数の美容外科の病院・診療所・研究所のある北里大学を除いて、その実地研修については大手美容外科のアルバイトに全面的に依存しているのが現状で、形成外科の教授も黙認しています。

大手美容外科の主要メンバーであるＪＳＡＳと、大学の形成外科が主要メンバーであるＪＳＡＰＳは、対立しているようでいて、このような共存関係を持っています。

美容外科医たちは、それでいいでしょうが、患者目線で見ると不可解な感じです。大学の形成外科で研修中の医師が、「大学の先生」という名で、実際の診療をしているのですから。

私立大学の教授クラスが、ＪＳＡＰＳに属する美容外科医院に特別スタッフとして、ひそかに来ていることがありますが、ごくごくまれです。国公立大学の教授クラスが来ることはありません。公務員法違反になりますから。まして、大手美容外科に教授クラスがアルバイトに来ることはあり得ません。

患者の立場としては、大手美容外科には「大学の先生も診療に来ているのだから」など と、勘違いなどしないのが賢明です。

美容外科の先進国であるアメリカでは、大学の美容外科を中心とした診療体制が組まれ、大学の美容外科の教授は、午前中は大学で研究・教育を行い、午後以降は自分の診療所に帰り、そこで自ら診療を行い、また後進の指導・研修に当たることができます。これが正常な姿です。

日本では、莫大な宣伝費を使って、膨大な数の患者を集め、お金儲け本位の診療をしている大手美容外科の存在が、美容外科のあり方をゆがめています。

また、一般人には理解のできない奇妙な発言も聞こえてきます。
形成外科も美容外科もまともに研修を受けたことがないのに、大手美容外科を開業したある古手の院長の発言です。「今JSAPSで威張っている奴らも全部、元はおれが教えたんだ」と言うのです。たしかに『今JSAPSで威張っている奴ら』の中にも、形成外科の研修生の時に大手美容外科でアルバイトをしていた医師もいるでしょう。その時には、その大手美容外科の院長に多少なりとも教えてもらったのですから、実際そうとも言えるのです。

5　大学付属病院

大学付属病院は、大学病院の大きな目的が「研究」「教育」であることを知って、上手に受けてください。

技術と経験のある医師がいたとしても、「教育」のためにベテランの指導の下に経験のない若い医師に執刀させることもあります。とはいえ、医療で金儲けすることだけを目的としている「大手美容外科医院」や「ついでにクリニック」とは比べものにならないほど、安全でよい手術が受けることができます。

医師の資格から選ぶ

1章で説明した通り、日本には2つの同名の「日本美容外科学会」があります。ひとつは、形成外科で研修し日本形成外科専門医の資格を持つ医師で構成される「日本美容外科学会（JSAPS）」、もうひとつは美容外科を専門に手がける医師が多く所属している「日本美容外科学会（JSAS）」です。

本書では、形成外科医として人体の組織や構造、解剖についての知識を持ち、それに基づいた手術や治療の経験を積んで初めて美容外科手術をする資格がある、という理由から、次の資格を持つ医師に治療を受けることをすすめています。

- **「日本形成外科専門医」の資格を持つ医師**
- **「日本美容外科学会（JSAPS）専門医」**

「日本美容外科学会（ＪＳＡＳ）」の専門医には、形成外科の研修を受けていなくても、美容外科手術を5年間していた経験さえあればなることができます。もちろん、この中にも特定の分野で成果を上げている医師もいますが、その数はごくわずかです。患者自身が十分に注意して治療を受けることが求められます。

サイトで医師の資格をチェックする方法

サイトで医師の経歴を見る際は、「日本美容外科学会専門医」だからと信用しないで、どちらの美容外科学会の専門医かを判断しなければなりません。

ホームページにはっきり「日本美容外科学会（ＪＳＡＰＳ）専門医」と書いていない場合は、自分で調べる必要があります。「ＪＳＡＰＳ」のホームページ（http://www.jsaps.com）の「名医を探そう」から正会員を検索することができます。

「日本形成外科学会専門医」かどうかを技術的に信頼できる美容外科医として考えるのも、賢い見分け方です。「日本形成外科学会」のホームページ（http://www.jsprs.or.jp）に専門医の一覧があり、地域から専門医を探すことができます。

「よい美容外科医は、形成外科の研修が大切」ということが一般の人にも理解されてきました。そうすると、形成外科研修をまったくしたことのない医師や、「日本形成外科学会専門医」の資格を持っていない医師が、形成外科で研修したかのように見せかけるホームページが多くなってきたのでご注意ください。次のような例があります。

①「日本形成外科学会」の「会員」であることをアピールする医師は特に要注意

「日本形成外科学会会員」という資格があります。「専門医」と「会員」だから同じようなものかと勘違いしますが、「日本形成外科学会専門医」とはまったく違います。この「会員」資格は、「日本形成外科学会」が出していますが、形成外科技術の習得とはまったく関係がなく、2名の会員の推薦と年に2万円の会費をおさめれば、医師なら誰でも会員になれます。『会報』の単なる購読者です。

誤解を招くこの資格は、資格に厳しいアメリカの形成外科医・美容外科医からも、「日本形成外科学会」の姿勢が強く批判されています。「日本形成外科学会会員」を麗々しく資格に書き込んでいる医師は要注意です。

②数か月の研修を誇張して掲載する

「形成外科を研修」と、義務研修の2年間のうちのせいぜい数か月の経験をおおげさに掲載する医師もいます。義務研修の形成外科研修は、期間も短すぎる上に内容も医療助手程度です。

③JSAPS「関連会員」を「会員」と表記する

ＪＳＡＰＳの「会員」には、「日本形成外科学会専門医」の資格を持つ「正会員」のほかに、「関連会員」というものがあります。正会員になれない医師が申請すれば簡単になれます。この「関連会員」が「関連」を勝手に省略して「ＪＳＡＰＳ会員」として経歴に書いています。よく注意して見極めてください。

また、歯列矯正などの歯科についての治療を受ける場合も、資格に注意してください。**「日本矯正歯科学会専門医」「認定医」の資格のある歯科医に受けるようにしましょう。**きちんと研修を受け経験を積んだ「矯正歯科認定医」「矯正歯科専門医」のリストは、「日本矯正歯科学会」ホームページ（http://www.jos.gr.jp）の「日本矯正歯科学会 認定医・専門医名簿一覧」で見ることができます。「矯正歯科医療」を受ける場合は、必ずこの名簿の歯科医にかかることをおすすめします。

自分とセンス・相性が合う医師から選ぶ

医師を選ぶ際には、技術力だけでなく、自分のデザイン感覚やセンスに合った医師、そして自分と相性の合う医師を選ぶことも大切です。

たとえば二重まぶたの手術では、くっきりとした西洋人のような二重が得意な医師もいれば、アジア人特有の蒙古襞を活かしたさりげない二重が得意な医師もいます。

フェイスリフトで顔のタルミを引き締める手術では、1回の手術で10歳若返らせることも可能です。でも、中には「一気にそんなに変わったら周囲に不審がられる。気がついたら若くなっていたという感じにしてほしい」と言う人もいます。

このように、技術力のある美容外科医の中から、今度は自分の希望を十分理解して、自分にとってセンスのいい治療をしてくれる医師を見つけましょう。その努力を怠ると、手術は成功したものの、「思っていたものと違う」という結果になります。

また、センスや相性を見極めるためには、複数の医師に直接カウンセリングを受けることが不可欠です。その医師のデザイン感覚やセンス、自分との相性を自分で確認し、納得し、自分の責任でどの医師に手術を依頼するかを決める必要があります。

納得できるまでカウンセリングを受ける

複数の医師に直接カウンセリングを受けて見極める

前項で「医師の資格から選ぶ」方法をお伝えしましたが、資格さえあれば希望通りの結果になるというものでもありません。

「日本形成外科専門医」「日本美容外科学会（ＪＳＡＰＳ）専門医」の中にも人格の点でどうかなと思う医師は何人もいます。タレントをフランス人形のような顔にしている医師、カウンセリングに来た人の顔を「そこまで言うのか」と言うほどけなして、その場で手術を受けさせる医師などなど……。

「大手美容外科医院は要注意」と言いましたが、「あんなに広告していて、人気もあるんだから、よい医師かもしれない」と感じれば、大手美容外科でもカウンセリングを受けてください。

「ついでにクリニック」でも、親の代からのかかりつけ医だから信頼できると感じれば、カウンセリングを受けてください。

手術を受けてみたい医師のリストができたら、実際にカウンセリングを受けてみましょう。

電話で予約する際に確認する3つのこと

まず、「カウンセリング料」を必ず聞いてください。

医師が直接カウンセリングする場合、1回5000円程度が一般的です。丁寧にカウンセリングをすれば、30分くらいはかかります。

無料の場合は逆に要注意です。丁寧にカウンセリングしてくれなかったり、「30分も無料カウンセリングをしたのだから、治療受けてよ」と、必要以上に手術をすすめられたりするかもしれません。

次に、「誰がカウンセリングをするのか」を必ず確認してください。

大手美容外科医院などで「専門カウンセラー」と称する女性がカウンセリングするという医院は問題外です。カウンセラーは多くの医院で歩合制になっています。すぐ手術を受けさせたら○万円、手術の予約を取れば○万円、患者が希望していた手術以外を受けさせれば○万円……。「美容外科専門カウンセラー」などという、公的な資格はありません。

医師ではなく看護師がカウンセリングする医院も、同様に避けましょう。

また、医師がカウンセリングする場合も、その医師が実際に手術を担当する医師かどうか確認してください。確認できない場合は、その美容外科医院は候補から外します。

手術当日、カウンセリングのときとは違う、顔も見たこともない医師が出てきて、書類を見て「え〜と、あなたは目頭切開でしたね」と言って、注射器やメスを握ったらあなたは「話が違います。○○先生にお願いしたはずです」と抗議して、すぐ逃げ出せますか？

ウソのような話ですが、そんな話はいくらでもあります。気の弱い人は、そのまま手術を受けてしまいます。

もちろんあなたは、大立ち回り、大喧嘩をしてでも逃げ出さねばなりませんが、手術室の中に入ってから逃げ出すのは大変な勇気が必要です。そんなことのないように、カウンセリングをするのが実際に手術を担当する医師かどうか、電話で予約する段階で確認するのはとても大切です。

希望の手術だけについて相談する医師を選ぶ

「二重まぶた」の手術を受けようとカウンセリングに行ったのに、「鼻も高くすれば、もっと二重まぶたが活きてくるよ」などと、**相談以外の手術をしつこくすすめる医師は候補から外しましょう。**

人間の顔は、美人かどうかに関わりなく、自然にそれなりのバランスを保っています。美容外科手術をすることは、多少なりとそのバランスを崩すことになります。たとえば、モンゴロイドらしい凹凸のない顔の人が目をぱっちりさせたいと思って一重から幅広の平行二重にすれば、全体のバランスが崩れます。バランスをとるために、鼻の付け根ももう少し高くしたほうがよい、唇もふっくらさせたほうがよい、と医師がすすめるのも自然かもしれません。

そしてまた患者自身も、すぐそれに気づき、医師にすすめられるままに、この目に合った鼻を、唇を、あごをと、顔そのものをそっくり変えたいと、手術を繰り返す悪循環に陥ってしまいます。

誠実な美容外科医ならどうするでしょう？　最初の幅広平行二重のカウンセリングの段階で、希望しない他の部分の手術をすすめるのではなく、「あなたには奥二重のほうが似合う」「あなたには幅の狭い平行二重のほうがバランスがよい」とアドバイスします。

患者が希望しない部分の手術を執拗にすすめる医師は、どこかに不純な部分があります。よく注意してください。

「すぐ治療を」「すぐ予約を」と、迫る医院・医師には受けない

私はこれまでテレビに3度出演しました（電話出演や文字によるコメントは多数）。

最初の、NHK「クローズアップ現代」では、「形成外科の研修を受けていることが、よい美容外科の最低条件」と強調しました。

2度目の「ホンマでっか!?TV」（フジテレビ）という番組では、「えら削り」で手術を受けたのに少しも細くなっていないという話に「機能を大切にする医師。そういう医師がよい医師」という発言をしました。

1度目、2度目も、視聴者からのクレームはありませんでした。

3度目、「ノンストップ！」（フジテレビ）で、出演者の1人の「カウンセリングでよい医師を見つける方法は？」という質問に対して、こう回答しました。

「『すぐ手術をしましょう。無理ならすぐ予約を取りましょう』と迫る医師はダメ。『家族、

知人などと相談して、もう一度考えて、1週間後にもう一度相談にいらっしゃい』と言う医師を選ぶ」

すると、出演者が「なるほど！　それがカウンセリングで、まじめでよい美容外科医か、営業本位の美容外科医かを見分ける、ポイントですね」とフォローしてくれました。

番組が放映された後、すぐテレビ局に、「美容外科関係者」と名乗る人から「あの発言は困る」とクレームの電話がきたそうです。私にも、番組スタッフから「クレームがあった、あの発言は困る」と強い口調で言われました。

局にクレームをつけたのは、局のスポンサーの美容外科か広告代理店なのでしょう。

「クローズアップ現代」の「形成外科の研修を受けている医師」とか、「ホンマでっか!?TV」の「機能を大切にする医師」はどうにでもごまかせるが、「ノンストップ！」の、「カウンセリング後、『すぐ治療』『すぐ予約を』と、迫る医院・医師には受けない」は、大手美容外科のいちばん弱いところ、売り上げ成績に直接関わる、もっとも大切な営業方針の核心をついた発言だったと感じました。

誠実な医師は、患者が納得するまで説明して、「家に帰って、ご家族とも相談して、気

持ちが変わらないなら1週間後にもう一度いらっしゃい」などと言います。

患者の質問に納得するまで答えていないのに、打ち切って手術の日を早く決めようとする医師は候補から外しましょう。「今日時間があるから手術しようか」「明日時間が空いてるからしてあげようか」などという医師も問題外です。

しかし、中にはこのようなカウンセリング、治療を好まない患者もいます。「なんで、手術の動機などをグダグダと聞くのですか。プライバシーの侵害でしょう。私はいろいろ考えて決意して、お金も用意して、すぐ手術してほしいと決意してやってきたのです。すぐ手術してもらえないんだったらもうけっこうです」と憤然として帰る患者もある一定の割合でいるそうです。

これは、医師と患者の「相性」の問題で、形成外科・美容外科だけでなく、一般医療でもしばしば起こっています。たとえば、医師の診察を受ける前に「風邪だから、いつものAとBの薬を出してください。いつもそれで治っているので、わかっています」と自分で決めつけ、「いやそれはできない」と答える医師とのトラブルは日常的に起こっています。

しかし美容外科治療は、病気やけが、風邪や腹痛といった簡単な症状を治療する一般の医療と違って、健康な体にメスを入れ、レーザーを照射して、顔や体を変えようとする治療です。医師が患者の意思を確認し、家族などの同意を得ることが大切です。十分なカウンセリングもなく、5分か10分の手術を受けた患者さんは、そののち満足しているのでしょうか。その追跡調査をして、美容外科治療の向上を目指すのは、厚生労働省の役割だと感じるのですが、まったくそのような気配すらありません。2つの美容外科学会も、まったく我知らずの姿勢です。

悪質な大手美容外科で、フェイスリフトを受けた女性13人が、効果がない上に、顔がひきつる、痛みがとれない、髪の毛が生えなくなるなどの後遺症を負ったと総額約2400万円の損害賠償を求める集団訴訟を東京地裁に起こしました。

しかし訴訟に勝ったとしても、後遺症は簡単には治りませんし、精神的ダメージは深いものがあります。美容外科医療は自己責任医療です。一般医療以上に慎重に臨み、十分なカウンセリングを受け、知人・友人・家族と相談したのちに、治療に進むことが大切ではないでしょうか。

医師に遠慮しない

「複数の医師のカウンセリングを納得するまで受ける」という話をしてきましたが、「そうは言っても医師の立場からすると、複数の医師と比べられて迷惑では？」「カウンセリングだけ受けて治療を受けないのは失礼では？」と感じる人もいるかもしれません。

でも、美容外科手術は、たったひとつしかないあなたの顔や体を対象にする手術です。気に入らないからといって洋服のように返品交換できるものではありません。その成否によってあなたの人生が変わります。

医師に遠慮して、十分にカウンセリングを受けなくて、自分の思うような結果が出なかったら、一生後悔します。

失敗しても、患者の希望通りの結果が出なくても、多くの美容外科医は手術料をしっかり取ります。一方失敗されてしまった患者は、たとえ訴訟で勝ったとしても、失敗の手術の治療費プラス慰謝料が戻るだけ。顔や体は元に戻らないことも多く、失敗したことの精神的ショックは非常に大きいのです。

医師に失礼にならないようにするのは大切ですが、気を使いすぎて大切なことを聞かなかったり、何度もカウンセリングを受けているからと義理立てして手術を受けたりすると取り返しのつかないことになります。

ある美容外科の名医は、カウンセリングについて次のように話してくれました。

何度も来られてなかなか決めてくれないのは、実は私たちにとってつらいことです。これだけ説明したのだからもう決めてくれてもいいのにと思うこともしばしばあります。

でも患者さんの心構えとしては、自分が納得するまで何度でもカウンセリングを受けられた方がよいと思います。

医師にとっても、術後にいろいろ言われたり訴訟沙汰になったりするよりも、患者さんが満足していただくことがいちばんうれしいことなのですから。

気の弱い人は、誰かに付き添ってもらって

「自分が納得できるまでカウンセリングを受けなければ」と強い決心をしても、気の弱い人はその場の雰囲気に負けてしまって、1軒目の医院で予約をしてしまったり、希望した部位以外の手術も予約してしまったりするかもしれません。

病院に入ればそこは医師の世界です。言ってみれば相手の土俵です。そこで多くの医師や看護師などに取り囲まれていろいろなことを言われると、「もうこれでいっか」と考えてしまっても不思議はありません。

気の弱い人、他人の意見に流されやすい人は、1人でカウンセリングを受けるのでなく、信頼できる誰かについていってもらうことをおすすめします。

気が弱いために医師や周りの意見に流されて手術してしまい、失敗した女性2人にインタビューしたことがあります。

2件とも、事前には聞いていなかったのに、男性が一緒に付き添ってきました。1人は

その女性のご主人で、もう1人の女性にもどなたかわかりませんが中高年の男性がついてきました。2人の男性は私とはひとことも話を交わしませんでした。

多分、いろいろな医院で、医師や看護師の甘い口車にかかってひどい目に遭ったので、私とのインタビューでも、どんなことを言われるかわからない、ひどい医師を紹介されてまた何かされるかわからないと心配でついてきたのでしょう。

本来はもっと早く、最初の手術をする段階でついていってあげていれば、その女性たちも失敗しなかったかもしれないと感じました。

気の弱い人は、最初の医師のカウンセリング、もっと言えば最初の電話での予約取りの段階から、信頼できる誰かと行動を共にされることをおすすめします。

また、あなたの家族・友人・知人から、美容医療に興味がある、受けてみたいと言われて心配なら、カウンセリングに同行してあげましょう。

「美容外科相談ビジネス」には要注意

厚生労働省はまったくチェックしない、4大新聞はまったくノータッチ。テレビ・インターネット・女性誌・タウン誌では、億単位の広告費を使った大手美容外科医院が我が物顔に、どこでも大宣伝。

これでは、美容外科を必要とする人たちはどこに行けばいいのか、どの医院でカウンセリングを受ければいいのかすらわかりません。

契約している医院の医師をすすめられる上に、治療費は2～3割増

その隙間に目をつけて、ビジネスにしているのが「美容外科相談ビジネス」です。

美容外科の相談に来た人を、契約をしている美容外科医院に紹介し、美容外科医院から紹介料を取るビジネスです。相談があると、「日本一の名医はこの人だ」とか、「この3人が名医中の名医だ」と、契約している医院や医師を口を極めてほめたたえます。相談者がその医院で受けると、多額の紹介料が入る。そういうビジネスです。

相談サイトが本当に誠実なサイトかどうか見分けるのは、実は簡単です。

「近くの大学病院か、総合病院の美容外科を紹介してくれませんか」と質問すれば、すぐわかります。日本の大学病院では、現在30近い大学で、美容外科治療をしています。総合病院でも30近い総合病院で美容外科を診療しています。

どんな美容外科治療もできるというわけではありませんし、まだ効果が確認されていない新しい治療はしませんが、二重まぶた、レーザー治療などは、ほとんどのところで危ない美容外科医院より確実にしてくれます。

「美容外科相談ビジネス」は契約している美容外科医院から紹介料を取るのが目的ですから、受ける人がそんなところに行っては困ります。大学病院、総合病院の名前を教えるどころか、口を極めて大学病院、総合病院の治療を悪く言って、契約している美容外科医院がどれくらい素晴らしい病院であるかを並べ立てます。もちろん美容外科をしている大学病院、総合病院のリストも持っていません。

もうひとつ、**「美容外科相談サイト」から紹介されて治療を受けた場合は、治療費が2〜3割高くなります。**

美容外科医は契約している「相談サイト」を通じて紹介を受けると、その「相談サイト」に紹介料を払わなければなりません。その紹介料は紹介を受けた患者の治療費に上乗せして請求するのが普通です。ですから、「相談サイト」経由で美容外科手術を受けると、美容外科の心得のない医師に紹介される可能性が高く、しかも費用は2〜3割増しです。

3人以上の医師のカウンセリングを、ご自分あるいは信頼できる誰かと一緒に納得するまで受けて決めることをおすすめします。

特に注意すべき「相談サイト」

「美容外科相談サイト」の中でも、「きれいサポート」または「美容整形＝Ｓｔｏｐ自殺ボランティア」と名乗っている団体は、特に要注意です。

「内閣府認証ボランティア団体」「NHKで唯一紹介されたサイト」「民間テレビでも紹介されて」「兄は弁護士、私はかつて美容外科に勤務していて」など、いかにもありそうなありとあらゆるウソをつきまくって利用者を騙しているサイトです。NHK、民放テレビ局から、私に「一般の人に注意を促してほしい」と連絡がきています。

ネットの巨大掲示板でもひどく叩かれていたので、もうこりたのかと思っていましたら、つい最近、ひどい医師を紹介されて、額・鼻・あごなど、希望しないのに顔中を手術された人からの相談メールを受け取りました。この団体はウソつきの名人です。今後も暗躍するでしょう。ご注意ください。

海外では絶対に受けてはいけない

美容外科では、術前のカウンセリングによって、成功するかどうかがほとんど決まります。言葉で細かなニュアンスを十分伝えることのできない海外での施術は、受けないのが賢明です。

顔そのものの人種的違い、また、国民性や民族性による「美しさ」の違いもあります。西欧人系の顔になりたい、韓国人風の顔になりたいと強く希望する人以外、アメリカや韓国でわざわざ美容外科手術をする必要はまったくありません。

「美容大国」韓国の美容外科水準は日本よりずっと低い

韓国は「美容大国」と言われます。

それは、日本に比べて美容外科の水準が高いという意味ではありません。それどころか、日本のきちんとした美容外科医療に比べて、2段階は低い水準と考えて間違いありません。

というのも韓国の美容外科医は、その多くが日本の「大手美容外科」に勤務して、日本の2流のレベルの美容外科技術を、さらに低レベルにした技術の水準で韓国で開業しているからです。

日本でも「大手美容外科」による、ときには死亡にまで至る医療事故が多発していますが、韓国では日本とは比べものにならない数の、さらに深刻な事故が多発しています。

ではなぜ「美容大国」なのか。

韓国では、国をあげて美容外科手術が行われているからです。

韓国で美容外科を受けると料金が日本の半分以下、「節約できたお金で韓国観光旅行を」というキャンペーンが行われています。なぜ韓国では美容外科料金が安いのかというと、日本の「大手美容外科」の手法をさらに徹底して、美容外科医1人につき1日20人の患者のカウンセリング・治療を行っているからです。安くなるのも当然ですし、それだけ深刻なトラブルが起こるのも当然。

しかも手術がどんなに上手くいっても、アフターフォローは必ず必要です。そんなときにまた韓国に行くのでしょうか。さらに本当に失敗したときにはどうするのでしょう。

今、韓国の大都市には、そのテナントの大部分を美容外科医院が占める「美容外科ビル」が乱立し、患者さんの範囲も韓国国内だけでなく、中国・台湾・モンゴル・フィリピンなどにまで広げて、国をあげての美容外科医輸出に取り組んでいます。しかも、日本の3流レベルの技術力と経験で。

「安物買いの銭失い」という言葉があります。「安いから、観光もできるから」と韓国で美容外科手術を受けるのは、まさにこのことわざをそのまま実行しているようなものです。日本で信頼できる美容外科医を選んで治療を受けるのが賢明です。

アングロサクソン系とは
骨格も顔のつくりもまったく違う

アメリカは、たしかに美容医療の技術は高く、多くの人が手術を受けています。日本と違って手術を受けたことをオープンにするので、信頼できる口コミも豊富で、よい医師を選びやすい環境も整っています。

しかし、日本人も含まれるモンゴリアン系の人種と、西欧系のアングロサクソンなどの人種では、骨格がまったく違います。

そのことがもっともよくわかるのが、歯の噛み合わせ。鏡を見ながら、あなたの上前歯の先と下前歯の先を噛み合わせてください。私たち日本人は、上前歯の先と下前歯の先が噛み合っていません。上の歯は下の歯の上にかぶさって、下の歯は上の歯の中間当たりと、噛み合っています。モンゴリアン系は少し出っ歯なのです。

ところがアングロサクソン系は、上前歯と下前歯の、先がきれいに噛み合っています。

歯科医院の広告などで、西洋人の歯並びを見ると、上前歯と下前歯の先が噛み合っているのでとてもきれいに見えます。

眼球（目玉）が入っている目の周辺の骨格も違います。古いヨーロッパ映画を見たことのある人は、18、19世紀のヨーロッパでは、「モノクル」という、眼の周りの凹みにレンズをはめ込んで使う柄のないメガネがありました。度の付いたレンズをはめ込んで今のメガネのように使っているのですが、落ちないでくぼみに入り込んでいました。日本人では絶対にできないことで、「どうなってるんだろう」と子どもの時に不思議に思っていましたが、ヨーロッパ人の目玉の入っている眼窩（目の窪み）はアジア人に比べると非常に深くてレンズは落ちないので、モノクルが可能なのです。

骨格だけでなく、顔のつくり、色素の沈着など、さまざまな違いがあります。

たとえば、西欧人はほとんどの人が二重まぶたなので、一重を二重にする手術が発達しません。鼻の高い人も多いから隆鼻術が発達しないのは当然です。

モンゴリアン系はメラニン色素が多く、白人なら手術跡に色素沈着が起こらない施術でも、色素沈着が起こります。

人種のるつぼと言われるアメリカですから、マイケル・ジャクソンのような黒人をアングロサクソンに変えるほどいろいろな手術が発達していますが、モンゴロイド系に詳しい医師が少ないアメリカで日本人が美容外科手術を受ける理由は何もありません。

性格的に美容医療が向かない患者も

これまで医師のことばかり言ってきましたが、**いちばん大事なことは、患者自身が「自分は美容外科手術を受けるのに向いているかどうか」をしっかり考えてから手術を受けることです。**

性格的に美容外科の手術が向いていない人もいます。

いくらカウンセリングを受けても、手術がどんなにうまくいっても、患者にとっては自分の顔や体の大変化です。心の内で8割は満足しても2割は「これで本当によかったのかな、前のままのほうがよかったんじゃないだろうか」という戸惑いがあります。その時に「まぁ、いいか」と考えることができるかどうか。

「手術しなかったほうがよかった」という2割の心の声に気持ちがいってしまう人は、医師がどんなに最初の説明をしっかりして、患者が納得して、手術がうまくいっても満足することができないでしょう。

これまでの経験から、次のような人は美容外科手術を受けないほうがいいでしょう。

・人の意見に左右されやすい人
・物事の変化に対して、「よくなった面」より「悪くなった面」ばかりに目が向いてしまう人
・なかなか「まぁ、いいか」と思うことができない人
・「これからどうするか」ではなく、もう終わったことについてクヨクヨ考えてしまう人

こんな例があります。

ある男性は、子どもの頃からあごが長いことがコンプレックスでした。電車に乗ると、みんなが自分のあごを見ているようで顔が上げられません。30歳の時、思い切ってあご関節症の名医にあごを短くする手術を受けました。あごの骨を削るだけでなく、矯正歯科医による歯の術前矯正を受けました。噛み合わせ機能にも十分に配慮した、長期にわたる大きな手術でした。医師は全力を尽くし、手術は見事に成功。男性も思い通りになって満足していました。

ところが、話はここで終わりません。

男性が職場に戻ると、同僚たちが「どうしたの、前のほうがよかったよ」「長いあごがお前のトレードマークだったのに、魅力なくなっちゃったよ」と口々に言います。おもしろ半分だったかもしれません。きれいになった男性に対する嫉妬心だったかもしれません。

元々、主体性がなく人の言辞に左右される性格だったのでしょう。男性は「この手術は失敗だった、元に戻してほしい」と医師にクレームをつけ始めました。「あなたの希望通りに手術をして、あなたも満足していたではないですか」と言っても一向に聞きません。

元に戻す手術は、最初の手術よりさらに難しく、時間も手間もかかります。男性が受けた手術は、現実問題として元に戻すことは不可能でした。手術は成功したにもかかわらず、男性は不満足のまま、医師もがっかりしたまま、この美容外科手術は幕を閉じました。

これほど極端でなくても、似たような例は数えきれません。二重まぶたの手術をして本人は大満足の女性。ところが親友（と彼女が思っている女性）が会うたびに「似合わない」と言うので、泣く泣く元に戻す手術を受けることになりました。多くは「親友」や「周囲」の嫉妬心が原因なのですが……。

うまくいったのに「元に戻してほしい」「こんなはずじゃなかった」と言われると、医師もがっかりしてしまいます。これらの性格に当てはまる人は、美容外科手術に向いていません。そうなると自分も医師も不幸になりますので、受ける前によく見極めてください。

3章

美容医療でできること

目覚ましく進歩した美容医療技術

この10年ほどの間に、日本の美容医療は大きく進歩しました。特に美容外科の進歩は、目覚ましいものです。

その要因のひとつは、メスで治療するだけでなく、注射・レーザー・光など、「プチ整形」とも呼ばれる治療が発達したこと。

もうひとつは、メスを使う手術においても安全・安心のレベルが上がったことです。

その結果、以前は美容外科医自身が美容外科手術を受けたり、家族にすすめることは非常に少なかったのに、**現在では美容外科医自身が自分がきれいになるために美容外科手術を受け、その家族・知人にすすめる時代になりました。**

美容外科学会の懇親パーティで、「目はA先生、髪はB先生、皮膚はC先生にお願いしましてね」と、若返りを誇らしげに語る男性医師も増えてきました。

「プチ整形」の広まりによって、美容医療を受けることへのハードルは非常に低くなりました。

メスを使わない「プチ整形」や「アンチエイジング」としてのヒアルロン酸注射など、エステの延長として「気軽に」「安価に」「何度でも」施術できるものとして、非常に人気があります。

また、美容医療というと一般的に想像する「二重まぶた」や「豊胸」だけでなく、「歯列矯正」「植毛」「消臭」「ダイエット」など、女性だけでなく男性もその恩恵にあずかれるような技術が次々と開発されています。

本章では、現在の美容医療でどのようなことが可能なのか、その上手な受け方、最新・最善の治療法はどれなのかをご紹介していきます。

「プチ整形」とは何か

「プチ整形」とは、一般的には、「メスを使わない」美容医療のことです。

「プチ整形」という言葉は、1990年代後半にある女性のジャーナリストが使い出したとか、それ以前にもチラシなどで使われていたともいわれます。今やすっかり市民権を得て、「プチ整形ブーム」などと言われることもあります。

プチ整形は、「プチ」という言葉で、多くの人を「整形」という重い言葉から、解放しました。

「メスを使った美容医療は怖くて踏み切れない」「でも、注射や高度にコントロールされた医療機器による治療なら受けてみようかな」という女性の心をとらえたのです。

多くの大手美容外科クリニックのサイトでは、「メスを使わない」以外に、次のような特徴が謳われています。

- 簡単な技術である
- 短時間でできる
- 低価格である
- 痛みはほとんどない
- 入院や通院の必要がない
- 翌日から化粧ができる
- 他人に気づかれにくい
- 気に入らなければ、元に戻すことができる

これらの「お手軽感」から、「プチ整形は簡単な技術だから、どこのクリニックに行っても、どの医師にやってもらっても同じ」と思っていませんか。

大間違いです。

でも一般の方がそう思うのも無理はありません。内科などの開業医の中にも、「近くに大病院ができてから患者がさっぱり来なくなった。最近の美容医療って注射打ったりするだけだから簡単に誰でもできるらしい。私も……」と美容外科をスタートして、大失敗して慌てて撤退という医師がいるくらいですから。

プチ整形の本当の姿は、決して「プチ」ではありません。

プチ整形はメスを使いません。そのイメージから、簡単、安価、失敗しにくいという印象を受けやすいのかもしれません。

でも実は、医療の最前線とも言える再生医療が使われているプチ整形もあるのです。あのｉＰＳ細胞や、ＥＳ細胞と同じ原理と技術が……。そうなると、もちろん簡単ではありません。注意深い技術が必要で、医師による技術の差は大きく、失敗もあります。

費用もトータルで考えると「プチ」ではありません。効果が1年程度という治療が多いので、1回の費用が10万円でも、効果を維持しようとすれば1年から2年ごとに継続治療が必要です。

失敗したらその被害は「プチ」ではない

プチ整形でコンプレックスを解消した人もいます。でも、効果がまったくない人、失敗して人生が大暗転してしまった人もいるのです。

技術のない「エステ医師」がたくさん

プチ整形のクレームや相談で多いのが、「効果がない」です。

「どの美容外科医院に行っても、タルミが取れません。フェイスリフトを受けたいので名医を教えてほしい」

こんな相談メールが私のホームページに送られてきたので、「今までかかった医院をお知らせください」と返信しました。
その返信がこちらです。

> 何軒もあります。どれも友人のすすめで、安易にかかってしまいました。
> 「サーマクール」は、○○クリニック、◎○美容クリニック、◎◎○クリニックなどです。「スレッド」は、◎◎クリニック、○◎◎美容クリニック、最近は家の近くにできた◎◎◎クリニックで、「コグ」と呼ばれる棘のついた糸を入れて皮下組織を持ち上げるシワ取り「コグリフト」を何回かやってます。
> どれも持続せず、効果もあまりなかったのでフェイスリフトを考えております。

どれも、聞いたことのない美容外科医院や、事故で有名な美容外科医院だったので、院長、担当医師をネットで調べてみましたが、形成外科も美容外科も研修を受けていませんでした。

医師免許を持っているけれど、形成外科や美容外科の研修を受けていない、解剖学の知

識もない、その研修も受けたこともない、エステティシャンとほとんど変わらない治療をしているのに、「医師」という免許で高額治療費を請求する医師を、私は「エステ医師」と名付けました。

この金に目のくらんだ新しいタイプの、美容外科治療をする「エステ医師」が、プチ整形ブームに乗って、さまざまな問題を起こしています。

「サーマクール」だ、「スレッドリフト」だ、「コグリフト」だと、手を変え品を変え、効果がほとんど確認されていない施術を行って、「最新治療」と称してお金だけはしっかり取るのが、彼らの手口です。

フェイスリフトは、形成外科・美容外科の実力がもっとも試される手術です。研修をまったく受けたことがない「エステ医師」は、さすがに怖くてできない。その結果、患者さんがフェイスリフトの名医を私に尋ねてきたのでしょう。

「美容医療」が、「プチ整形」という言葉によって、イメージを変えられて、一般の人により親しまれるようになったのは時代の流れであり、いいことであるとしても、その風潮を巧みに悪用して、いい加減な治療をする医者がまたまた増えたのです。

でも臆病な「エステ医師」はまだマシです。毒にも薬にもならない治療をして、お金儲けをしているだけですから。患者の被害はお金だけです。

「失敗」すると、被害は「プチ」では済みません。

「エステ医師」による取り返しのつかない失敗も

たとえば、ほうれい線を消す方法としてもっともポピュラーで安全・確実と言われるヒアルロン酸注入でも、「エステ医師」による被害が続出しています。

ほうれい線にヒアルロン酸注射を行った患者の小鼻が壊死したのです。ほうれい線の下には動脈が走り、その先が鼻の先端に至り、鼻の皮膚に血液を送っています。

解剖学を研修していない「エステ医師」は、そういう事実を知らず、ヒアルロン酸を鼻の皮膚につながる血管に注入したか、大量にヒアルロン酸を注入して血管を圧迫したのでしょう。血管が圧迫されて鼻に血液がいかず、酸素・栄養が行き渡らなくなり、壊死に至ってしまったのです。鼻の先から小鼻にかけて、皮膚が真っ黒になったのです。これを治療するには自分の皮膚の移植しかありません。でもかなり困難な手術です。

ほうれい線の下には動脈が走行しているので、医師は動脈を避けて注射しなければならない。動脈を圧迫しないように注入物を入れなければならない。こんなことは形成外科を研修した医師にとっては初歩的な知識です。

大学で本格的に形成外科や美容外科の研修を受けたことのない「エステ医師」が法律では何の咎めもなく美容外科医療を続けているかぎり、このような事故は永遠になくなりません。

また、最近では簡単な隆鼻術（鼻を高くする施術）としてヒアルロン酸注入が使われていますが、この注入でも大きな事故が起こり、新聞紙面で大きく取り上げられました。

近畿地方の大学病院に2014年、体のふらつきと右目の異常を訴える20代の女性が運び込まれた。翌日、目は光を感じなくなり、右眉から鼻にかけて皮膚が壊死した。女性は鼻を高くするため、美容クリニックで鼻の付け根の骨膜付近にフィラー（ヒアルロン酸、ハイドロキシアパタイトなどの充填物）を注射された直後だった。
検査の結果、フィラーが血管に入って周辺の血流を止めたことが原因と判明。女性は約2週間入院し、ステロイド剤を使って炎症を抑える治療を受けた。だが右目の視力は失われ、顔には大きな傷が残った。
女性に使われたフィラーは、歯の主成分と同じハイドロキシアパタイトの微細な粒を含んだジェル状の注入剤。国内では未承認だが、顔の整形で一般的に使われているヒアルロン酸より堅く、矯正した形が長持ちしやすいとして、数年前から使われ始めた。（中略）
ハイドロキシアパタイトは分解することが難しく、術後に血管を圧迫するなどのトラブルが起きると処置は非常に困難だという。ヒアルロン酸でも同様の事故は起こりうるが、薬剤注射で分解できる。（中略）
この製品は米国など海外では、ほうれい線などのシワを目立たなくするための医薬品として承認を受けている。国内の輸入代理店の担当者は「事故については把握しており医師には説明している。医師の技量の問題だ」と。（中略）
フィラーを使った美容整形は、シワの治療や顔輪郭の矯正など幅広い。皮膚を切ることなく矯正部分に注射するだけで済み、気軽さから「プチ整形」と呼ばれる。しかし、「統計がない」（厚生労働省）ことから実態は不明。使用は広がっているとみられているが、国はトラブルについて注意喚起をしていない。

細川教授（大阪大学形成外科）は「プチ整形は簡単に受けられるから安全だと思っている人が多い。だが、事故が起きた際の危険は、整形外科手術より大きいこともあると認識してほしい」と話す。

２０１６年６月14日付　朝日新聞朝刊より抜粋

隆鼻術では、プロテーゼを鼻の奥に挿入する場合でも、鼻の上のほうでは鼻骨のすぐ上に、下のほうでは軟骨のすぐ上に挿入して、鼻の血管に注入したり、鼻の血管を圧迫したりしないことが、形成外科・美容外科の基本中の基本です。

フィラーも本来は、鼻骨、軟骨の真上に入れるべきであったのに、血管に入れてしまったために、鼻周辺の部位に血液が行かなくなって、悲劇が起こったのです。以前から台湾・韓国などで報道されていましたが、ついに日本でも同じような例が起きました。

「プチ整形だからどこで受けても同じ」「気に入らなかったら元に戻せばいい」「できるだけ安いところで受けたい」などと考えていると、こうした「エステ医師」の思うツボです。

効果がないのはまだマシで、下手をするととんでもない失敗をされてしまいます。

では、次ページより、隆盛するアンチエイジングの分野から順に各種治療を簡単にご紹介します。

シミの治療

年齢を重ねると、紫外線による肌の老化で、さまざまなシミの症状が現れます。典型的な例は「老人性色素斑」と呼ばれるシミで、その他、20歳までに出やすい「そばかす」、20歳を過ぎて皮膚の深いところに体質的に出るシミ、けがなどが原因で出るシミなどがあります。いずれも細胞にメラニン色素が異常に増える症状です。

レーザーと、保存療法で80〜90%が完全に治る

黒い色や赤い色に当たった時に熱を出すレーザーをシミの部分に当てて、細胞中のメラニン色素を焼き、同時にシミの細胞を焼くことで80%のシミが根治します。

その他、トラネキサム酸内服、トレチノイン・ハイドロキノンなどの塗布は、かなり有効ですが、それだけでシミを確実に治療することは不可能で、それらの成分を含む化粧品も発売されていますが、レーザー、保存療法で的確に治療されることをおすすめします。ケミカルピーリングも有効ですが、内服薬、塗布薬同様に、決定的ではありません。

レーザー治療は、ポンと1センチ四方のスポットを当てると、1〜2万円です。

ただひとつだけ「肝斑」と呼ばれる、シミの10%を占め、中年以降の女性の両頬に、左右対称に表れるシミはレーザーで悪化します。

原因不明で、もっとも治療困難なシミと言われていました。最近、洗顔やお化粧の際の、皮膚の「洗いすぎ」「こすりすぎ」による皮膚組織の損傷が原因で、メラニン色素が増えてシミができると解明されました。

肝斑は皮膚組織の損傷が原因でメラニン色素が増えるのですから、レーザーでシミの色素のついている細胞を焼いても、毎日の生活での皮膚組織の損傷を治さない限り根治しません。しかも、レーザー照射によって、皮膚組織の損傷がますます悪くなり、重症化すると考えられます。

肝斑の治療は、皮膚を「洗いすぎ」「こすりすぎ」しないようにするのが現在の治療のメインです。これは「保存療法」と呼ばれます。朝晩の洗顔でゴシゴシこするのをやめて、石鹸の泡で優しく顔を洗い、お化粧はアイライン、リップクリームなどポイントだけにすることを続ければ、3か月から、長くても1年程度で完治します。

いろいろな肌トラブルに対応する「光治療」（フラッシュ治療）

シミ以外にも、くすみ、赤ら顔、ニキビ跡など肌のトラブルはさまざまです。特定のレーザー光で治るかどうか判定できないような時には、「光治療」が有効です。カメラには「フラッシュ」が必ずついていますが、あの光に強弱をつけ、時間などを調節して当てます。

「フラッシュ」は多様な色を含んでいますので、フラッシュを皮膚に当てればいろいろな種類のレーザーを同時に当てることと同じような効果が期待できます。ある光は皮膚のメラニンに作用し、くすみやシミを取り去り、また別の光はヘモグロビンに作用して赤ら顔の原因である微小な血管を攻撃し、また別の光は……というわけです。

またレーザーは一度に照射できる面積が小さいために、大きな面積を照射するのに時間がかかりますが、「フラッシュ」はそれに比べると照射できる面積が大きいので、1回で顔全体というような大きな面積を治療することができます。

弱い光を繰り返し当てることによって、皮膚のきめが細かくなり、小ジワが取れたり、皮膚が張ってくるなど、シミ取りのレーザーにはない効果もあります。一回あたりのエネルギーが少ないのでレーザーでシミを取るときのように、治療の過程で、皮膚がはがれ落ちるということがなく、治療直後から普段と同じ生活ができます。

顔全体にシミがたくさんあり、くすみが感じられる、シワやたるみも気にかかるようであれば、この「フラッシュ」を利用するのがベストチョイスです。

このようなフラッシュ治療は、一般的には「フォトフェイシャル」「ＩＰＬ（intense pulsed light)」と呼ばれています。

効果は個人差が大きく、非常に効果がある人もいれば、ほとんど効果がない人もいます。漫然と治療をするのでなく、常に効果を確認して治療を進める、経験豊富な医師にかかることが大切です。

光治療の費用は、顔全体で3～4万円程度、一回の治療時間は15～30分くらいです。

シワ・たるみの治療

ヒアルロン酸注入

シミが、レーザー治療と保存療法でほとんど確実に再発もなく治療できるのに比べると、シワ・たるみはかなり厄介です。それだけに治療方法がいろいろあります。

もっとも簡単な方法は、シワになる部分にフィラー（詰め物）をして、シワの折れ目を膨らませる方法です。人体中に存在して肌の張りをつくっている物質、ヒアルロン酸などを遺伝子組み換えでつくって、注射するのがもっとも簡単な治療法です。ただし、その効果は1〜2年。極細の針で、注意深く注射する技術が必要ですし、間違って動脈に注入した場合は、それから先の血流が止まって大変なことになります。医師の技術と経験が試されます。

その他、自分の腹部などの脂肪を吸入し、それを顔のたるみの部分に注入する「脂肪注入法」と呼ばれる方法があります。自分の脂肪なので生着しやすく、ヒアルロン酸のように吸収されることがないので、人気です。

しかし、吸入して注入するのはヒアルロン酸のように簡単ではなく、高度な技術と経験が必要です。入れすぎるとアンパンマンのようなパンパンの顔になりますし、足りない場合はたるみが十分に取れません。また、腹部の脂肪を顔に注入しても、その脂肪は腹部の脂肪の性質を持ったままなので、生着後に増えすぎることなどがあり、また生着した脂肪もやはり年をとっていくので、経験のある医師の治療を受け、数年に一度はチェックを受けることが必要です。

スレッド（糸）・リフト法

ここ10年ほど注目されているのが、「スレッド（糸）・リフト法」です。

シワ・たるみを取りたいところの、皮膚の下に、棘（とげ）状やコーン状の、ひっかかりがついた糸を入れて、その糸を引っ張り上げたり、そのまま置いておいて、糸の周りにコラーゲンを生成させたりして、シワ・たるみをなくす方法です。

たとえば、鼻の両脇から口の両端にかけての「ほうれい線」と呼ばれる大きなシワができている場合があります。このときには、頬の皮膚を引っ張り上げたい部分に糸を入れます。

麻酔後に、裁縫に使う針と同じような10～15センチの長い針に糸をつけて、額の横から、皮膚の下に差し込んで、糸を皮膚の中に通し、先を少しだけ残して切ります。反対側の糸も先を少し残して切ります。額のあたりの糸を引っ張って、皮膚がどの程度持ち上がっているか確認し、糸を固定します。

糸の太さ、材質、溶ける糸、溶けない糸、透明・不透明、ひっかかりの方向・形、コーンの形など、いろいろな糸が発売され、短い糸を数十本も入れる方法もあります。

多少の腫れはあるものの、翌日から仕事に出られるなど、治癒までの時間が短いのも特徴です。

いろいろな方法があり、部位によっても違いますが、一か所10～30万円です。

究極のシワ・たるみ治療「フェイスリフト」

もっとも効果のある究極の、シワ・たるみ治療は「フェイスリフト」です。こめかみのあたりに指を置いて、上方に引っ張ると、たるみやシワがピンと伸びて、若い頃の顔に近づきませんか。これを実現するのがフェイスリフトです。

まず、耳の後ろの目立たない部分からメスで10センチほど切り込みを入れます。ここから表皮の下の、真皮と呼ばれる部分のさらに下にあるSMAS（スマス）という層を、「こめかみ」「頬」「あご」「首」まで、丁寧に剥いでいきます。途中で骨にくっついている「リガメント」と言われる部分がありますのでそれも切って、ベロンとした厚さ2ミリほどの1枚の皮のようにします。それをシワやタルミが取れるようにいろいろな方向に引っ張って、形を整え、最終的に切り口を入れた耳の部分にまで引っ張り上げて、余った皮膚を切り取って、首の後ろの部分に縫い付けます。

全身麻酔で、医師2〜3人がかりで5〜6時間かかる大きな手術です。できれば1泊することが必要で、腫れが落ち着くまで2〜3週間はかかりますが、10歳は若返ります。10年でその効果はほとんどなくなるので、10年ごとに受けなければなりませんし、費用も1回100万円以上、ダウンタイム（施術してから回復するまでの期間）は3か月は必要です。

しかしフェイスリフト手術は30年以上も前からおこなわれているので、技術と経験のある医師にかかれば安心とは言える手術です。「こめかみ」「頬」だけという部分リフトもできます。

もっとも理想的な最初の手術は40代後半から50代前半と言われ、10年ごとに受ければ、常に5～10年は若い肌を維持できます。80代で受ける人もいて、それはそれで劇的な変化です。

表情のシワはボトックス注射

ヒアルロン酸注入は、ほとんどのシワ・たるみを治療できますが、唯一治療できないシワが、表情と一緒に出る「表情ジワ」と呼ばれる大きなシワです。笑った時に出る「目尻のシワ」、顔をしかめた時に出る「眉間のシワ」、上を向いた時に出る「額のシワ」「アゴの梅干しシワ」などです。

その治療ができるのが、ボトックス注射です。眼科でチック症に使っていた「ボトックス」という薬を使って、シワのできる部分の筋肉と神経との接合部を遮断して、筋肉を麻痺させます。目尻のシワは、「眼輪筋」、おでこのシワは「前頭筋」、眉間のシワは「皺鼻筋（すうびきん）」という表情筋でつくられるので、その筋肉を麻痺させるのです。筋肉の動きを止めることでシワがなくなり、ピンと張った肌になります。

「ボトックス」は、食中毒の原因となる「ボツリヌス菌」がつくる「A型ボツリヌス毒素」を生理食塩水でごくごく薄めたものです。筋肉を麻痺させますが、人体には安全で副作用もほとんどありません。

ボトックスでできるのは、シワ治療だけではありません。

エラに注射することで咬筋（噛む筋肉）を縮小させて、あごの骨を削らないであごを細くして「小顔」をつくります。ふくらはぎや腕へ注射して、筋肉を縮小させて、脂肪吸引しなくてもふくらはぎや腕を細くできます。

笑うと歯茎まで露出する状態を「ガミースマイル」といいます。これまでは手術以外に治療法はありませんでしたが、ボトックスで上唇を上げる筋肉をゆるめて、歯茎を見えにくくすることができます。また、多汗症（脇・手など）への制汗効果などに有効です。

感覚神経には作用しませんので、しびれなどの副作用は心配ありません。

注射後2~3日で治療効果が現れ、約3~6か月間持続して時間の経過とともに効果がなくなります。定期的に注入すれば徐々に長持ちするようになり、少ない治療回数できれいな状態を保つことができます。

ボトックスそのものには副作用はありませんが、ボトックスの使用量、入れる場所の間違いなどで、抑制してはいけない筋肉に間違った量の注射をすると大失敗も起こります。左右のバランスが悪くなったり、目を閉じることができなくなったり、能面のように表情がなくなったりするのです。

ボトックスは注射した後、ヒアルロン酸のように、すぐに元に戻す薬がないので、徐々に分解吸収されて効果がなくなるまで数か月程度待つしかありません。

顔の神経回路や表情筋の動きを熟知した医師の技術と経験が求められます。費用は約10万円が目安。

さらに、自分の真皮にある、「繊維芽細胞」という細胞を活性化してヒアルロン酸などをつくらせる、PRP治療(多血小板血漿)と言う「再生医療」も実現しています。iPS細胞やES細胞と同じ原理と技術が使われています。

二重まぶた

二重まぶた手術は、「目が大きく見える」と一重まぶた・奥二重まぶたの人が憧れ、非常に人気があります。

物理的に見ると、二重まぶたとは、上まぶたの皮膚が折りたたまれて、シワ・折り目ができる状態です。上まぶたの皮膚と、すぐその下の軟骨がくっついていると、軟骨についている筋肉を上げると皮膚が一緒になって引き上げられて、皮膚にシワ・折り目が出て二重まぶたになります。皮膚とその下の軟骨との結びつきが弱く、軟骨についている筋肉をあげても皮膚が一緒になって引き上げられない人が一重まぶたです。

そこで、皮膚とその下の軟骨とをもっと強く結びつけ、シワをつくるのが二重まぶた手術です。

埋没法と切開法

二重まぶた手術には、皮膚と軟骨を糸で結びつける「埋没法」と、まぶたを切開して脂肪を取り皮膚と軟骨を癒着させる「切開法」があります。

「埋没法」は、皮膚と軟骨を1～3か所糸で結びつけるだけで、その名の通りその糸を抜かないで埋め込んでしまいます。10分でできる簡単な手術で、二重の形が気に入らなければ糸を抜いてやり直しができます。

しかし、糸でとめるだけですから、糸のとめ方がゆるいと皮膚と軟骨との結合が外れて一重まぶたに戻ってしまいますし、きつすぎると、目にツッパリ感があったり、軟骨を傷つけてしまったりします。

メスを使わない「プチ整形」の代表として人気があり、どんな医師でもできる簡単な手術と考えられていますが、実は技術と経験とカンの必要な難しい手術のひとつです。

簡単な手術だと思って、技術も経験もない医師にかかり、ゆるんで一重になるたびに糸を抜いて再手術して、また糸をそのままにして手術を繰り返すうちに、糸を抜くのが困難になり、糸が取りきれず、つっぱるような違和感だけが残ってしまうことがあります。
また、幅の広い平行二重など、受ける人の思い通りの二重がつくれないことがあります。

一方、「切開法」は皮膚の部分の二重にしたい線をメスで切開し、余分な脂肪を取って、皮膚と軟骨を、しっかり癒着させます。メスで切開したところはしっかり縫い合わせますから元に戻ることはありませんし、幅の広い平行二重など、希望通りの二重をつくることができます。

短所は、まぶたの皮膚を切開して手術しますので、完治までに1か月ほどかかること、二重のシワに隠れて切開の傷は見えませんが、やはり傷があり、もし切開法でつくった二重が気に入らなくて修正しようとすると、修正の手術ではそれが見えないようにもう1本の傷をつけなければならないところです。

「埋没法」と「切開法」の特徴を知り、上手に選ぶことが大切です。
最初の二重の手術は「埋没法」をおすすめしますが、簡単な手術だと誤解しないことです。「上手な医師」を選ぶことが大切です。

自分に技術のないことがわかっている医師の中には「修正は何度でも無料でします」とホームページで書いていることがあります。最初から無料の修正を約束することは、自分の技術に自信のある美容外科医では絶対と言ってよいほどあり得ないことです。「誠実な医師なんだ」などと勘違いしてはいけません。とんでもない医師なのです。

目頭切開は、修復の難しい手術

最近、目の手術で要注意は「目頭切開」です。

日本人を含むモンゴロイド系の人は、目元に、内側に切れ込んだ「蒙古襞（もうこひだ）」という部分があって、目元が丸くなっています。目を「上下に大きく」するのが二重まぶたとすれば、目頭切開は、目を「左右に大きく」する手術です。

「目頭切開」は、元々は先天的な「目頭狭小症」という症状に適用されていた手術ですが、最近「目力（めぢから）」などと言って、見栄えがするのでタレントが可能な限り目を大きくしています。それを見て「あのタレントのような大きな目にしたい」と安易な気持ちで、この手術を希望する人が多くなり、美容外科医がそれに応じています。

タレントは目立つことが仕事ですから、顔貌が変わるほどに目が大きくなってもいいのでしょうが、**普通の人が目頭切開をすると、目が大きくなりすぎることがあります。**目と目の間が狭くなりすぎ、切開した目元の傷が目立つこともあります。

「そんなはずではなかった、ほんの少し目頭をくっきりさせたかっただけ」と修正を希望する人が増えています。

ところが目頭切開の修正はかなり困難で、できない場合もあります。

「蒙古襞を切る」という表現から、チョンと襞を切るだけで、修正は切ったところを縫い合わせるだけでいいと思いがちですが、目頭切開の手術は、ルーペを使ってするような微細な手術です。それを元に戻す、あるいは希望していた目にする修正は、目頭切開以上の形成外科の高度な技術を必要とし、時には修正不可能の場合もあります。

鼻を整える

鼻をきれいにするには、鼻筋（鼻の背部分）、鼻先（鼻の先端部分）、小鼻（鼻の両翼部分）の3点を整える必要があります。

鼻筋を通す「隆鼻術」

いちばん人気があるのは、「鼻筋」の部分を整える、いわゆる「隆鼻術」です。目と目の間の鼻の付け根の背部分を高くし、鼻筋を通します。

もっとも簡単な隆鼻術はヒアルロン酸注入による「プチ整形」です。ヒアルロン酸にもいろいろな種類があって、鼻にはやや硬めの、形のつくりやすいヒアルロン酸を使います。

ヒアルロン酸を入れながら、医師が鼻をつまんで、受ける人が希望する形にできますから、自分にはどんな高さの、どんな形の鼻が似合うのかをチェックすることもできます。まずはヒアルロン酸で「お試し」してみて、シリコンや自家組織移植をするのも「プチ整形」の上手な利用法です。

１９９０年代に液状シリコンを鼻に注入することが行われ、分散してしこりをつくり、美容外科の評判をひどく落としたことがありましたが、ヒアルロン酸ではその心配はほとんどありません。

ただし、ヒアルロン酸は体に吸収されるので、その効果は長く続きません。一生効果が続く施術は、シリコン挿入と、自分の耳の軟骨などを移植する方法です。それぞれ長所・短所、また好みがあるので、十分納得して、経験と技術のある医師に手術を受けることが大切です。

シリコンの特徴は、自然な感触で、形が自由になり、術後の変形も起こらず、どうしても気に入らないときは簡単に抜くこともできることです。

鼻の上の部分に入れるＩ型シリコンがよく使われます。医師が、受ける人の希望や鼻の形を見て、既成のシリコンからサイズを選び、削るなど加工してオーダーメイドのシリコンをつくります。

挿入は鼻の穴から、鼻の奥を5ミリほど切って、そこから、鼻の上のほうでは鼻骨、下のほうでは軟骨の真上に、手探りできっちり入れます。片方の手でシリコンを挿入し、片方の手で鼻を外から触って、シリコンが所定の場所にきっちり収まっているかを確認しながら進めます。目で直接見ることのできない「ブラインド手術」ですから、技術と経験が必要です。

入れる位置は鼻骨・軟骨の真上で、間違えて筋肉や皮膚の間に入れると、鼻が腫れる期間が長引いたり、安定しないで、でき上がってから指で押すとグラグラ動いたり、下へずれてきて鼻先から飛び出るなど、さまざまなトラブルが起こります。

シリコンではなく自分の耳・肋骨などの軟骨などを使う方法は、軟骨を採取して、それを必要な大きさと形に加工して、シリコンと同じように鼻の奥から挿入します。

自家組織ですから、自分の鼻の組織と一体化し、完全になじむことがいちばんの特徴です。レントゲンを撮っても移植した組織が写ることもありませんし、年をとれば、周りの皮膚が老化していくのと同じように鼻も自然に年をとっていきます。万が一けがをして、鼻の部分が切れたとしても、中から異物が飛び出してくることもありません。

しかし軟骨は生きている組織ですので、何年か後に変形する可能性があり、そうなったときに組織と一体化しているために、修正が難しいという問題があります。

シリコンと自分の軟骨、どちらを選べばいいのか、難しいところです。

間違いなく言えることは、技術と経験のない医師にかかれば、手術としては簡単なシリコン挿入でも失敗の率が高くなります。大きすぎる、受ける人の希望と異なる、挿入が不完全、挿入場所の間違いなどで、手術後に動く、鼻尖からシリコンが突き出してくる、いわゆる整形顔になるなどのトラブルが多発します。

「シリコン挿入は簡単」と言われますが、経験と技術の必要な、難しい手術です。

自家軟骨組織を使う方法は、耳・肋骨から軟骨を採取し、形をつくるので、より難しい治療です。軟骨が変形してしまったときの修正もかなり困難になります。

費用は、シリコン使用で25万円、軟骨使用で30万円程度が目安です。

鼻先を細くする

次に受ける人の希望が多いのが、鼻先（鼻の先端部分）です。いわゆる「だんご鼻」を細く、格好よくする手術、さらに短い鼻を長く、長い鼻を短くする手術です。

「だんご鼻」の治療には、鼻の穴の中から鼻先の余分な脂肪や軟骨を取り除いたり、鼻先の軟骨を中央に寄せて縫い合わせて穴の形を縦長にしたりと、さまざまな方法があります。

「短い鼻を長く」するには、自分の鼻の軟骨や耳の軟骨を、鼻の長さを延ばしたいボトムに移植し、「長い鼻を短く」するには、鼻骨を削ったり、軟骨や脂肪を取ったりします。

高度な技術と経験を必要とする技術です。

また、欧米人には比較的多い鷲鼻など、鼻を削って低くする手術も、最近日本人にも増えてきました。かつては鼻の低いことがコンプレックスで、多少鷲鼻でも高いというだけで気にしなかった日本人の美意識が変化したのでしょうか。これも鼻の中からしなければならない難しい手術で、もちろんシリコンではできない治療です。

シリコンを入れる技術しか持っていない医師が、「短い鼻を長く」するのにL型のシリコンをよく使います。しかしL字型シリコンでは鼻先に圧力が集中するため、次第に皮膚が薄くなり、鼻先が赤くなったり、痛くなったり、最悪の場合皮膚が破れる失敗があります。シリコンは、隆鼻以外には決して使ってはならないのです。

費用は、軟骨移植を含む鼻先を細くする手術は25万円、鼻を低くする手術は30万円程度が目安です。

小鼻を小さくする

鼻の両翼部分の「小鼻」が、足を組んで座る形のように左右に張り出した「あぐら鼻」、鼻翼がかなり張り出している「シシ鼻」などがありますが、いずれも切除する部位のデザインと切除量を的確に決めなければなりませんから、高い技術が求められる手術です。

また「鼻の中心の付け根」の位置が、左右の「小鼻の付け根」の位置より上になっている場合は、鼻の中心の付け根の軟骨に耳の軟骨などを移植して「鼻の中心の付け根」の位置を左右の「小鼻の付け根」の位置より下になるようにします。

シリコン挿入の手術時間は15分くらいですが、オーダーメードのシリコンをつくるには時間がかかり、鼻の中からするブラインド手術です。準備の時間と、高い技術と経験が必要です。

費用は、あぐら鼻の手術で15万円程度が目安です。

口元・歯並びを整える

日本の美容医療では、二重まぶたと鼻に注目が集まり、口元の美しさには無頓着です。

でも、美しくなるには、目・鼻と同じくらい、口元、歯並びに注目してください。

口元は美容外科の領域でなく、矯正歯科の領域です。歯の矯正というと、子どもの時にしなければならない、大人になってからはできないと思いこんでいる人がいますが、今は歯がありさえすれば、上顎前突（俗に、出っ歯・反っ歯）、反対咬合（俗に、受け口）、八重歯・乱杭歯（叢生）を、きれいに治療することは、大人になってからでもできます。

目は二重まぶたが人気ですが、一重まぶたのきれいな人もいます。一重まぶたが好きだという人もいます。鼻も高い人が人気ですが、低くても愛嬌があってきれいな人もいます。低くてかわいいのが好きだという人もいます。

でも、出っ歯が好き、受け口が好きという人は、芸能人でそれを売り物にしている人以外はほとんどいません。

もし、出っ歯、受け口、歯並びなど、口元の美しさに問題やコンプレックスにある人がいれば、まず治療するのは口元です。では、なぜ目や鼻が優先されるのでしょうか。美容外科医が治療しやすく、短時間で治療できるからです。目は埋没法であれば15分です。鼻はシリコン挿入だけなら20分です。でも歯科矯正は1年半から2年かかります。

ある、信じられないほど良心的な美容外科医はこんなことを言っています。

口元を美しくするには、その土台の歯並びが美しくなければなりません。その歯並びを変える歯の矯正は、時間がかかります。
目や鼻の手術の相談に来られた患者さんを前に、頭の一部ではソロバンをはじいているのが平均的美容外科医ですから、「矯正歯科で歯の矯正をして2年後に来てください」と言えるほど懐具合のよい、あるいは良心的な美容外科医は数えるほどしかいないのではないでしょうか。

患者さんも、目や鼻をなるべく早く手術してもらいたかったのに、2年も待たされるのでは、「他の美容外科医院に行くわ」という結末になるでしょう。

そこでいちばん損するのは患者さんです。とりあえず早く自分がコンプレックスを感じるところを治そうと目や鼻の手術を受けたために、本来自分にとってもっとも必要な口元の手術を受けそこない、あるいは実施する必要のない手術を受けるからです。

次に損するのは、良心的な美容外科医です。短時間で簡単にできる手術で、お金を得られるのにしないのですから。

いちばん得するのは他の非良心的な美容外科医ということになります。

『美人にメス 美容外科医のカルテ』折登岑夫著（朝日新聞社）より

出っ歯の人や歯並びの悪い人は、美容外科に行って目や鼻を治療する前に、あるいはお金が許せば、並行して歯並びの修正をおすすめします。まず口元をきれいにしてから、美容外科です。歯に投資する心とお金の余裕を持ってください。

歯科矯正は2年かかって80万円、二重の埋没法は15分で10万円、シリコンインプラントの隆鼻術は20分で10万円。受ける人の予算が限られていたりしたら、早くて安い目や鼻の手術を選びがちです。早くお金儲けがしたい美容外科医もそれをすすめてきます。

歯科矯正の80万円はローンも組めます。目・鼻がどうしても気になるなら、歯の矯正を受けながら目・鼻の手術も受けるのはどうでしょう。

1～2年かかって、歯を動かす

矯正歯科の手術はどのように行われるのでしょうか。

上手な矯正歯科医は、まず受ける人の状態をよく見て、自分だけで、つまり矯正歯科で歯を動かすだけで治療できるかどうか、口腔外科医あるいは形成外科医による歯茎の切除などが必要かどうかを判断します。必要な場合は、口腔外科医・形成外科医と相談して、全体方針を決め、歯茎などの切除などに合うように、期間・費用などを含めた歯を動かす総合計画をつくります。

歯が動くなんて信じられませんが、動くのです。

歯は「歯槽骨」という骨に、歯の根っこの部分「歯根部」が埋まって生えています。この歯根部は「歯根膜」という薄い線維に取り巻かれていて、歯根部と歯槽骨の間のクッションのような役割をしています。

この「歯根膜」に弱い力を継続してかけ続けると、力をかけられた側の歯根膜には「骨芽細胞」という、歯槽骨をつくる骨の芽が生まれ、反対側には歯槽骨を壊す「破骨細胞」が増え、歯はゆっくりと押された方向に移動していきます。

歯並びがきれいでないという場合、多くは歯槽骨の大きさに入りにくい数の歯が生えています。

そこで歯を何本か抜いて、歯を歯槽骨に収まる数にして、歯がきれいに並ぶように、1枚1枚の歯にブラケット（支持具）を接着し、それらのブラケットにワイヤー（針金）を通し、2〜3週間ごとに、歯を動かしたい方向に力を加えます。それによって、動かしたい歯がゆっくりと動いていって、歯槽骨の大きさに合ったきれいな歯並びになるのです。

1年半~2年かかる気の長い治療です。矯正歯科医も覚悟を決めて治療しなければなりませんが、受ける人も、口元こそ美しさの最大ポイントだと考えて、長期にわたる治療を覚悟して受けなければなりません。でもそれだけの価値は十二分にあります。

必ず「審美歯科」でなく「矯正歯科認定医」「矯正歯科指導医」に受ける

最大の注意点は、必ず「日本矯正歯科協会」の「認定医」「指導医」に受けることです。

一般医療の世界で、医師免許さえあれば、30以上のどの科の治療もできるのと同じで、歯科医師免許さえあれば、「一般歯科」「矯正歯科」「口腔外科」「小児歯科」のどの科の治療もできます。

それぞれの科が、独自の専門技術の習得が必要です。十分な矯正歯科の教育・研修を受けていない歯科医にかかって、ひどい失敗をする例があります。美容外科の治療で、形成外科の研修をしっかり受けない医師にかかるのと同じです。

特に、「歯を抜かないで治療できる」「短期間でできる」など、耳あたりのよい言葉には気をつけてください。健康な歯を抜くことに抵抗のある人も多いのですが、歯並びの悪い人は、歯の生える「歯槽骨」に入りきらない歯が生えてきているのですから、歯を抜かないで、きれいに並べるのは最初から無理なのです。

下手な矯正歯科治療で失敗した人も、きちんとした矯正歯科医にかかれば、必ずと言ってよいほど治ります。あきらめずチャレンジしてください。

また大手美容外科などには必ずと言ってよいほど「審美歯科」というのが設置されていますが、**「審美歯科」でできるのは歯を削ることと白くすることで、見た目をよくするだけです。**歯を動かしたり抜いたりすることはできません。口元のような、大切な機能が数多くあるところは、「矯正歯科治療」で根本から治療されることをおすすめします。

小顔にする・あごを細くする

小顔が注目され、顔の輪郭を小さくすること、とりわけあごを細くすることが人気です。

そのためには「あごの骨切」しか方法はありませんでしたが、最近は、選択肢が2つ増えました。「あごの脂肪吸引」と「ボトックス注射によるあごの咬筋を小さくする」手術です。全身麻酔で骨を削るよりはるかに安全で、費用も時間も少なくて済みます。

体のどの部分でも、上から皮膚・脂肪・筋肉・骨の順序で構成されているのですから、たとえばあごの部分が大きく見えるようであれば、骨を切るという大きな手術の前に、脂肪と筋肉を減らして何とかならないかと考えるのが、賢い考え方です。

脂肪であごが大きく見えているなら脂肪吸引、咬筋という食物などを噛む筋肉が発達しすぎてあごが大きく見えていると考えられるのなら、ボトックス注射が効果的です。

ボトックス注射は筋肉の働きを一時的に弱めます。額のシワなどはそれでいいとしても、咬筋は噛む機能が大切ですから、絶対とはすすめられませんが、小顔にするための手術として検討する余地は十分あります。

ただし、あまり効きすぎて一時的にしても噛む機能が弱ったりしないか、左右の大きさが同じになるかどうかなど、経験のある医師の腕が必要です。「注射だからプチ整形」と安易にとびつくと危険です。

効果が確実、あごの骨切

効果の確実性という点では、やはりあごの骨切です。

あごの骨を削るなどというと怖く感じますが、熟練した医師にとっては、大きな危険もない、きわめて安全な手術です。

「骨には神経が入っていますが、神経が入っている骨は限られているので、それをしっかり把握して、また骨のすぐ近くを走る大きな顔面動脈の位置など、形成外科の基礎的な知識と研修、そして経験があればそれほど難しくはない手術です」

とベテランの医師。

まず全身麻酔をして、外側の皮膚に傷跡が残らないように、口の中から、神経などを傷つけないよう注意して粘膜を注意深く切開します。さらに骨の外側を回転するバーで削って、その後ドリルで骨を削ぎ落とす方向に穴をたくさん開けてわれやすい状態をつくり、その穴から細いノミを入れて削ぎ落とし、形をなだらかにして、自然な線を出していきます。歯の治療を数段難しくしたようなものです。

口の中から手術する方法は最近急速に発達して、熟練した医師にかかれば、手術時間は1時間半ほどです。筋肉などに損傷を与えないので非常に社会復帰が早く、10日もすれば仕事に行けます。全身麻酔なので、病院で1晩泊るか、クリニックの近くのホテルで泊まるのが基本です。

大切なのは、単純に「あのタレントのあの細いあごにしたい」と、部分にとらわれた希望ではなく、体全体、顔全体のバランスを考えたあごの細さにすることです。あまり細くしすぎると、口や目が目立ちすぎて、異様な顔に見えることがあります。

もうひとつの注意点は、あごとしての機能を無視した手術をしないことです。あごの骨を削ることだけに注意が向いてしまうと、削りすぎて骨の上の歯がグラグラになってしまうことがあります。まともな美容外科医であれば「そんなことはできない」と断りますが、受ける人が「それでもいいからもっと細く」と押し切ると、「それほど言うなら責任はあなたが持ちなさいよ」と、手術をする医師がいます。

私がスタジオゲスト出演したＮＨＫ「クローズアップ現代」の最初の衝撃的写真は、結婚を控えてあごを細くしようとした女性が、歯の生える歯槽骨を削りすぎて、歯がグラグラになって流動物しか食べられなくなり、婚約解消という悲惨な症例でした。

費用は、ボトックスで15万円程度、脂肪吸引なら30万円程度、あごの骨切は１５０万円程度が目安です。

豊胸

豊胸と言えば長い間、「シリコンインプラント」だけでしたが、最近、「脂肪注入」「ヒアルロン酸注入」などによる豊胸ができるようになりました。それらを上手に使いこなすのもこれからの豊胸です。

確実に2サイズ以上大きくしたい人にはシリコンが最適で、これしかありません。最近の、シリコンインプラントは、「コヒーシブタイプ」が使われています。「コヒーシブ」とは「形状記憶型」という意味で、本物のバストと同じように、触ったときは形が変わり、触るのをやめれば元の形に戻る、自然な形、触り心地です。

十数年前によく使われた、コヒーシブでないシリコンバッグは、その周りに被膜（カプセル）ができて硬くなるので、それを防ぐためにかなり痛いマッサージを毎日続けなければばなりませんでしたが、コヒーシブタイプの場合には、その必要はまったくありません。
形もおまんじゅうを伏せたような感じの「ラウンドタイプ」と、やや下垂気味の「アナトミカルタイプ」の2種類があり、それらに加えて大きさ・幅・高さ・厚みなどさまざまな要素の組み合わせで１００種類ほどもあります。

ヒアルロン酸注入は、バストを大きくしたいけれど「手術はちょっと……」という方に適していますが、少し大きくなったかなという程度にしかサイズアップできませんし、形もそれほど自由に変えることもできません。また1年後には体に吸収されてしまいます。それだけに失敗はほとんどないと言えますが、中には形を長持ちさせるために、ヒアルロン酸以外の体に吸収されない物質を混入し、それが残ってしこりになり、手術によってようやく取り出した例もあります。注意が必要です。

脂肪注入は、「腹部の余った脂肪を吸引して、取った脂肪を乳房に移植する、自分の組織だから感触なども最高」と、よいことずくめの治療法とされてきましたが、現実は、移植した脂肪の半分くらいしか定着しない上に、時にはしこりになって残り、今のところはおすすめできません。

研究が進み、吸引した自分の脂肪をコンデンス（濃縮）して濃縮脂肪細胞とし、注入する方法、さらに脂肪幹細胞という、脂肪細胞の元になる細胞を抽出して注入する方法が行われ、より確実に脂肪細胞が生着するようになりましたが、それでも脂肪注入だけで、大きさも形も満足というところまではいっていないようです。シリコンインプラント手術の不自然な部分を修正する程度に利用するのがよいのではないでしょうか。

シリコンインプラントを入れる位置は、元々かなりボリュームのある人なら大胸筋の上に入れてもインプラントの形が目立ちませんが、ボリュームのない人は大胸筋の下に入れたほうが目立ちません。

インプラント製品の性能や品種が増えても、最後は一人一人の患者さんに合った治療を考えることのできる医師の技術と経験が決め手です。

ダイエット（脂肪吸引）

ダイエットが盛んですが、部分ダイエットができるのは脂肪吸引だけです。
お腹、お尻・太股・ふくらはぎなど、体中のどこの脂肪でも吸引できます。さらに、脇、二の腕のあたり、顔のあごのタルミ、頬、首のあたりの細かい脂肪も吸引可能です。

その原理は、腹部などの取りたいところに小さな穴を開けて、直径1・5〜5ミリくらいの「カニューレ」という細い中空の管を入れて、脂肪層の中で管の先を前後左右に、扇形に動かして脂肪を砕きながら吸い出すことです。

脂肪吸引は、医師にとって重労働でしかも器用さが必要です。右手で小さな穴から入れた15センチくらいのカニューレを握って、穴を中心に扇状に動かし、左手はカニューレの先の部分を触りながら、あまり皮膚に近い部分にきてでこぼこにならないかなどを常に確認しつつ動かしていきます。これも「ブラインド手術」です。器用で体力があって、経験豊かな医師でないとできない手術です。

脂肪細胞の中には毛細血管が通っているので出血は避けられません。血を止める薬、血管を収縮させる薬、局所麻酔のための痛み止めなどを食塩水に溶かして、それを脂肪を取るところに入れて、手術の前にマッサージして、十分その溶液を浸透させておいてから吸引します。こうしておくと出血が少なくて済み、手術後数日間の痛みが軽くなります。

また、超音波で脂肪を溶かしてそれを吸い出す方法も併用されています。

お腹や太股から下腿の脂肪を取る時には、横からのレントゲンで脂肪の厚さを見て、血液検査、肝臓の検査などをして全身麻酔に耐えられるかどうかを確かめた上で手術をします。1回の手術で取る脂肪の量は、体重の5％まで。60キロくらいの人で、3キロくらいを取るのが1回の量。それ以上になると貧血を起こすので輸血が必要です。

脂肪吸引をすれば、あとはいくら食べても太らないかというとそんなことはありません。脂肪吸引では1000個あった脂肪細胞を300個くらい取り除いて、700個にするという方法ですから、300個分の隙間ができてスリムな体になるのですが、残った700

個の脂肪細胞が大きくなるとやはり太ってきます。

脂肪吸引による死亡事故が時々報道されます。

よくあるのはお腹の脂肪吸引で、技術が未熟なために脂肪層以外のところにカニューレをつっ込んでしまって腹膜炎を起こす例です。技術のある信頼できる美容外科にかかればあり得ないことです。

他には、脂肪吸引で壊した脂肪の欠片がたまたま血管の中に入ってそれが心臓や肺や脳の血管に詰まって、「血栓症」を起こし、その臓器が働かなくなって死亡する例です。手術後すぐ歩き回ったりすると脂肪片が血管に入りやすくなるので、手術後の安静はそのためにも必要です。また、緊急の場合に備えて、救急処置のできる設備、また大病院などに搬送できる連携も必要です。

費用はお腹の場合で60～100万円くらいで、それに麻酔料などいろいろものを含めて150万円くらい。上から下まで手術して、500～600万円くらいです。

「メソセラピー」と言って、脂肪を破壊する注射液を打つという療法がありますが、その成分は大豆から抽出されたフォスファチジルコリン。顔など小さい部分には効果がありますが、腹部などにはほとんど効果がありません。

薄毛の治療

普段は美容のことをまったく考えたことすらない男性が、美容外科のことを考えるようになるきっかけが頭髪です。

髪の毛が薄くなってきた、このまま進めば完全にハゲになってしまうのではないだろうかという恐怖は、女性にはない男性だけの大きな悩みでしょう。

でも今や、後頭部にわずかの毛さえ生えていれば、完全と言ってよいほど、自分の毛によるフサフサとした植毛ができるようになりました。まったくありがたい時代になったものです。

男性の毛髪は前頭部や頭頂部は男性ホルモンが支配し、後頭部は女性ホルモンが支配しています。多くの男性は年をとるにつれて男性ホルモンの活動が活発になり、前頭部の毛が薄くなっていきますが、後頭部には毛髪が残っているのが普通です。

この残っている毛髪を横長に切り取って、それを1センチ四方くらいの小片に切って、前額部に移植するのが、自毛移植です。

10年以上前には、頭皮を帯状に採取して、それをそのまま、血管をつけてぐるっと前額部に回して生着させる方法もありました。ところがそれでは毛の流れがうまく調整できず、オールバックになったり、前に垂らすだけになったりして、不自然です。30年ほど前に自殺した映画俳優の自殺の原因のひとつは、この毛髪移植の失敗だと言われています。そんなこともあって、現在ではすべて小さく株分けして、前額部に植え付ける方法です。

まず必要な植毛する本数を決め、後頭部の頭皮を横長に切り取ります。

前額部に植毛する場合には、約2000本を植毛する必要があります。平均的に1平方センチあたり160本の髪の毛が後頭部に生えているので、12・5平方センチ（2・5センチ×5センチ）の頭皮を摂取することが必要です。

摂取した部分は縫いつめて、髪の毛をある程度伸ばせば、半年後にはほとんどの場合、気づかれることはありません。

摂取した12・5平方センチの頭髪を、1〜4本の毛、1〜2本のうぶ毛、皮脂腺、起立筋を1つの単位として、顕微鏡を使って株分けします。1本毛は1本毛として、2本毛は2本毛としてそのままの生えていた状態で株分けします。

株分けされた毛はそれぞれ保存液とともにシャーレに入れられます。株は非常にデリケートで、乾燥すると5分ほどで死滅しますのでサーモメーターでモニターしながら4℃に保存します。2000本分の株分けに要する時間は1・5時間ほどです。

次に、植え付ける部分に切れ込みを入れ、1株ずつ植えていきます。

植え込みには切れ込みの深さが非常に重要です。浅すぎると株が脱落しやすくなる可能性があり、深すぎると毛のう炎などの症状を起こしやすくなるからです。

その切れ込みに、一定の深さですべての株を植えるのは機械ではできません。長年の経験を持つ熟練した医師が、拡大鏡を使って適切な深さに、植毛用の特殊なピンセットで1株ずつ植えていきます。長年の経験で培った微妙な手の感触が頼りです。

生え際のヘアラインはもっとも微妙な部分ですので、手前からもっとも小さい1本毛、次に2本毛、その奥に3本毛と入れていきます。さらに大切なのが「毛の向き」で、ヘアラインは前向きに生えているので、切れ込みもそのようにつくりますし、つむじなどは放射状に広がる毛流をつくっていきます。

植え込みにかかる時間は、約1000本あたり1〜1・5時間ほどです。

費用は、2000株で100万円程度です。「信頼できる医師にかかれば」という条件付きですが、「かつら」で不自由な思いをするなら、予算のある方には植毛をおすすめします。

脱毛

脱毛には、「レーザー脱毛」と「絶縁針脱毛」の2種類の脱毛法があり、それぞれ特徴があります。両方の脱毛法の設備があって、毛質・部位・肌の色などを総合的に判断して、治療してくれる医院を選ぶのが賢いと言えます。

「レーザー脱毛」は施術時間も短く、その日のうちにシャワーを浴びることも可能です。

レーザーで脱毛ができる原理は、「黒い色に当たったときだけ反応して熱を出すレーザー光」を使って、黒い毛に反応して熱を出し、その毛を黒い色にしているメラニン色素を焼き、毛そのものを焼いて、さらに根元にある毛をつくる細胞も焼いてしまって、毛が生えないようにします。

レーザーの先の1センチ×1センチくらいの面を、印鑑をゆっくりと押していく感じで、毛の生えている部分に押していきます。１００回くらいそれを繰り返しますが、かかる時間は両脇で約5分程度、痛みは輪ゴムでパーンとはじかれた程度です。

しかし、レーザーには弱点があります。黒い色に反応してその黒い部分を焼くので、毛が黒く、太く、密集している部分には効果がありますが、黒い色のない、細いうぶ毛などには反応しにくく、白髪にはまったく反応しません。また乳輪などの皮膚が茶色の部分、肌が黒い人の場合には、黒色に反応して、肌が焼かれます。

そのような場合には、「絶縁針脱毛」が使われます。

「絶縁針脱毛」法は、毛穴の１本１本にそれぞれの毛質に適したサイズの絶縁針を１本１本の毛根にそって奥まで確実に刺入して通電して、その熱で毛をつくる細胞を焼いて脱毛しようという方法です。

針の根元に絶縁物質をつけて、毛をつくる細胞だけを焼いて、皮膚には障害を与えないようにしています。研修を修了し熟練した専門の脱毛士による治療で、肌の色、毛の太さ・色などまったく関係なく、うぶ毛などの細い毛も大丈夫です。

針脱毛の弱点は時間がかかることです。レーザーなら約5分でできる両脇で、60分かかります。

治療期間は、レーザーでも絶縁針脱毛でも同じ

施術時間は、レーザー脱毛が針脱毛の10分の1ですが、目的とする部分をすべて脱毛する治療期間はどちらも変わりなく、たとえば脇の下では1年ほどかかります。

というのは、毛の生えてくる多くの細胞には成長期・退行期・休止期というサイクルがあります。一度脱毛治療をしてもそのときに休止期の毛はレーザーに反応せず、また脱毛針を入れることができないので、毛をつくる細胞が残ります。そこで1か月半ほどして、最初にレーザーを当てたり、針治療をしたときには休止期で、その後に毛が生えてきた細胞にレーザーを照射したり針脱毛したりします。

そういう治療を繰り返して行い、最終的に目標とする部分のすべての毛をつくる細胞を破壊して毛が生えてこないようにします。

レーザーでも針でも、1か月半に1回程度、1年間に6、7回の治療を続けて、1年間でほぼ永久脱毛ができます。

費用は、脇の下の場合レーザー脱毛で5万〜6万円、針脱毛で1万〜2万円が目安ですが、頻度や回数など医院によって異なりますのでよく確認してください。

費用はかかるが施術時間が短いレーザー脱毛か、施術時間は長いが確実で費用の少ない針脱毛か。両方の治療設備を持つ医院で、患者の希望・条件などを考慮しながら丁寧なカウンセリングを受けることが大切です。

消臭（ワキガなどの治療）

日本人はにおいに対して過敏と言われます。

欧米人の8～9割、黒人の100％近くは、日本で言うところのワキガのにおいを出していても平気です。ワキガに悩む日本人の患者の8割くらいは、外国であれば正常です。日本では少し強い程度でも「くさい」と言われることが多いようです。

多少のにおいなら「人間も動物なのだから、におって当たり前」と抗議すべきでしょう。でも家族や友人が「あなた、におうんじゃない」と何気なく言った言葉に傷ついて、「周りの人がくさいと思って自分を避けているのではないだろうか」と気になって、人前に出るのが怖くなって仕事などがうまくできない人などは、治療して気分をすっきりさせたほうがよいでしょう。

汗腺には大きくわけて2種類あります。

ひとつは「エクリン汗腺」。体中にあって、汗を出すことで体温調節や皮膚に適当な湿度を与えます。

このエクリン汗腺からの分泌量が多すぎる場合には「多汗症」といわれますが、脇のにおいとは直接関係はありません。

もうひとつの汗の腺は「アポクリン腺」です。脇の下・耳の中・肛門・陰部・乳房などに分布している腺で、ここから出る汗は、人間以外の動物では性的興奮を起こすようなフェロモン作用や縄張りの標識の役割をします。

この汗の成分は質や分泌量によってはにおいが強くなり、特に脇の下からのにおいは鼻に近いため、本人や周りが気にするようになります。

ワキガ症の治療は、手術でこのアポクリン腺を機能させないことです。

ボトックス注射もひと夏だけの消臭には効果的

ここでも、まず「プチ整形」としてボトックスが登場します。

ボツリヌス菌は、神経の末端に結合して、そこから分泌されるアセチルコリンの放出を妨げて、筋肉の不随意運動を抑制します。そして、交感神経の末端で発汗を促進させているのが、このアセチルコリンなのです。通常、交感神経末端から分泌されるのは、アドレナリンですが、汗腺へ分泌している交感神経からは例外的にアセチルコリンが分泌されます。それでアセチルコリンを抑制するボツリヌス菌毒素が多汗症の治療に応用されるのです。半年〜1年で効果は消えますが、この夏だけ使用するということなら効果的です。

しかもこのボトックス治療、次の条件で健康保険が適用されます。

①原因不明の過剰な脇汗が半年以上前から続いている
②さらに以下の6項目のうち2項目以上に当てはまる
□両方の脇で同じくらい多くの汗をかく
□脇の汗が多いため、日常生活に支障が生じている
□週に1回以上、脇に多くの汗をかくことがある
□このような症状は25歳より以前に始まった

□同じような症状の家族・親戚がいる
□睡眠中は脇汗がひどくない

美容外科医院では、健康保険を扱っていない医院もありますし、確認の電話をしてから行ってください。皮膚科では確認なしでも大丈夫でしょう。

本格的消臭は、「超音波メス法」で、日帰りで治る

本格的治療の原理は、アポクリン腺を取り除くことです。脇を2、3センチ切開して、皮膚を裏返して、ハサミでアポクリン腺を直接切り取る方法など、いろいろな方法が工夫されてきました。

その考えが発展し、現在では、「超音波メス法」が傷跡も小さくもっとも効果的です。「超音波メス」というのは長さ12センチ、先端の直径は2ミリくらいの管です。それを1センチほどの切開口から皮膚に挿入して、超音波を発生させます。アポクリン腺は非常に柔らかい組織なので超音波の振動で壊されて乳化します。この乳化した汗腺を吸い出して

汗腺を取ってしまうのです。神経や血管は破壊されずに残るので出血がありません。肝臓のように非常に血管の多い組織を出血させないで腫瘍だけを破壊するために使っていた超音波を応用した方法です。9割の患者で、ほとんどにおいが出なくなります。

この手術は超音波の振動の出力を上手に調節し、さらに冷たい生理的食塩水を使って、皮膚が超音波の熱でやけどしないように進めていきます。片方の手で器具を操作して、もう片方の手で皮膚の上から確認していく「ブラインド手術」です。直接目で見てアポクリン腺を取っていく方法ではありませんから、医師の熟練が必要です。熟練医ならほとんど失敗はありません。

女性で脇の片方10分ぐらい、男性は15分ぐらい。2日間ぐらいはガーゼを当ててテープで圧迫。2日経ってガーゼを外してみて、血腫など何もなければガーゼを取ります。

術後1か月ではまだ少し赤みがあり、半年ぐらいでだんだん赤みが取れてきます。脇の下にはシワがあるので、メスの跡もほとんどわからなくなります。

費用は両脇で、検査・麻酔・手術代、さらに3か月間のアフターケアまで全部入って

30万円前後です。

また「ミラドライ」という、皮膚にまったく傷をつけず、脇の部分に機器の面を当てて、マイクロウェーブ（電磁波）のエネルギーで、ワキガや多汗症の原因となる汗腺類を破壊すると称する治療が行われていますが、今のところまったく治療実績が上がっていません。受けないほうがいいでしょう。

多汗症の原因のエクリン腺は、アポクリン腺よりも浅いところの真皮の中に埋まっています。全部取るには、皮膚を削ってかなり薄くしなければならないので、治った跡が植皮のような状態になりますし、完全に取るのは不可能です。

1、2か月はほとんど汗が出なくなり、ゼロに近くなりますが、2、3か月するとまた少しは出てくるようになり、しかも脇の下の汗の出方は普通の人と同じぐらい少なくはなっても、エクリン腺は体中の皮膚にあるので、腋の下の汗が少なくなっても、全体としては効果が少ないのが現状です。

また多汗症は精神的なものが大きく関係していると言われ、その方面からのアプローチも必要です。

（なお、ワキガ・体臭・多汗症については、「ワキガ・体臭・多汗症に悩む方の心と体の治療室」として、「五味クリニック」（東京・大阪）の五味常明医師のホームページを参照することをおすすめします。昭和大学で形成外科を研修し、精神科医でもあり、30年以上にわたり、「ワキガ・体臭・多汗症」の心と体の治療をしてきた方です）

付録

美容医療　信頼の名医リスト

本書では何度も繰り返し、「美容医療は最初の医師選びが肝心」とお伝えしてきました。この付録では、私が次ページの基準により選んだ医師を94人紹介するリストを掲載します。あなたの医師選びの参考になれば幸いです。

ただし、優秀な美容外科医としての基準を満たしていても、すべての患者にとって100％「名医」とは限りません。

あなたとの相性や、デザインセンスが合うかどうか。面倒と思われるかもしれませんが、これらのリストや他の方法で選んだ医師3人以上のカウンセリングを受け、自分で納得してから治療を受けることを強くおすすめします。

名医リスト選考基準

□経歴・所属

1 形成外科、一般外科などで、外科の研修を受けていること

2 日本形成外科学会の正会員（「日本形成外科学会専門医」であること

3 美容外科医としての研修を受け、技術・経験を積んでいること

□治療方針

4 カウンセリングを丁寧に行い、患者との合意（インフォームド・コンセント）の上に手術を行っていること

5 身体の機能を無視した手術を行わないこと

6 リスト掲載の医師が直接、あるいは直接指導の下に手術が行われていること

7 常に最新の世界的レベルの高い技術の習得に努めていること

8 不得意な手術などについては、優れた技術を持つ他の医師に紹介する判断力と、コミュニケーション力を持っていること

9　アフターケアや修正などに、誠意を持って対応していること

□宣伝方法など

10　誇大広告、誘導サイトなど、患者を集めるために、医学常識・一般常識を外れた広告活動をしていないこと

11　院長としてスタッフの指導・養成など、その美容外科医院全般に責任を持たない「広告塔」として、名前だけを出していないこと

以上の基準に基づいて、私、大竹奉一が責任を持ち、掲載料・広告料・協力費などとは一切関係なく作成したものです。

※その他、日本美容外科学会（ＪＳＡＰＳ）総会での発表、（株）全日本病院出版会発行の美容外科情報誌「ペパーズ」などの執筆者、信頼できる美容外科医の推薦、私のサイトに送られてくるメールによる相談などを参考にしました。
※掲載順は、地域別、医師の五十音順です。
※医院名、肩書など、変更になっている場合があります。必ずご自身でネット・電話問い合わせなどで確認してください。
※本書の１章でも述べている通り、大学病院では医師を指名して治療を受けられない場合があります。あらかじめ了承の上、治療を受けてください。

凸：大学付属病院　♀：女医

北海道

新冨芳尚（しんとみ）

蘇春堂（ソシュンドウ）形成外科理事長
北海道札幌市中央区南1条西4-5-1 大手町ビル2階　011-222-7681

●おもな診療科目

若返り、形成・美容全般、特に眼瞼・胸・腋臭

●筆者コメント

美容外科・形成外科全般にわたり、日本のトップレベルの実力

野平久仁彦

蘇春堂形成外科院長
北海道札幌市中央区南1条西4-5-1 大手町ビル2階　011-222-7681

●おもな診療科目

豊胸術、乳房形成術、眼瞼下垂、整鼻術、フェイスリフト、シワ取り

●筆者コメント

乳房再建では日本のトップレベル

松本敏明

札幌スキンケアクリニック院長
北海道札幌市北区北9条西3丁目 パワービル札幌駅前3階　011-728-4103

●おもな診療科目

アザ・シミなどのレーザー治療、レーザー脱毛、電気針脱毛ほか

●筆者コメント

乳幼児のアザ治療に経験が深い

東北

高橋範夫

青森タウン形成外科クリニック院長
青森県青森市新町1-8-8 アセントビル3階　0120-107-286

●おもな診療科目

顔面輪郭形成術、乳房再建、外鼻形成術、眼瞼手術（眼瞼下垂）、腹壁形成術、フェイスリフト、乳房形成術、脂肪吸引・注入、その他美容外科、美容皮膚科、抗加齢医療一般

●筆者コメント

科学的根拠に基づいた、普遍的な治療。大学における美容外科診療のあるべき姿を目標に

依田（よだ）拓之

よだ形成外科クリニック院長
宮城県仙台市青葉区花京院1-1-6 Ever-i仙台駅前2階　022-266-1120（予約専用）

●おもな診療科目

美容外科全般（保険診療可）

●筆者コメント

患者の経済的負担も考慮してくれる良心的なクリニック

関東

石井良典

大宮スキンクリニック院長
埼玉県さいたま市大宮区宮町1-36 見留ビル3F　0120-58-9696

●おもな診療科目

自毛植毛手術、各種レーザー治療、美容皮フ科、形成外科

●筆者コメント

美容・レーザー・毛髪・皮膚外科など幅広く手掛けるベテラン。元は皮膚科医

石川修一

横浜ベイクリニック院長

神奈川県横浜市神奈川区三ツ沢上町2-18 ジアバンスビル201　0120-045-219

●おもな診療科目

眼瞼形成、鼻形成、シワ取り、ケミカルピーリング、永久脱毛、レーザー治療（青アザ除去、脱毛など）

●筆者コメント

患者本位の治療がモットー

一瀬正治

医療法人社団 菊田会 習志野第一病院副院長

千葉県習志野市津田沼5-5-25　047-454-1511（代）

●おもな診療科目

美容外科眼瞼形成、鼻形成、各種シワ取り術、顔面輪郭修正、乳房形成、脂肪吸引・注入など

●筆者コメント

形成外科に基づいた安全確実な美容外科医院

今川賢一郎

ヨコ美クリニック

神奈川県横浜市西区北幸2-1-22 ナガオカビル8階　045-311-8811

●おもな診療科目

男性脱毛症、女性脱毛症、傷跡・眉毛・まつ毛への植毛など

●筆者コメント

自毛植毛の第一人者

岩波正陽

新横浜形成クリニック院長

神奈川県横浜市港北区新横浜2-17-11 アイシスプラザ2階　045-471-2228

●おもな診療科目

重瞼術、陥没乳頭、シワ伸ばし、ほくろ取り、腋臭症、刺青除去、ケミカルピーリング、永久脱毛、美容外科全般、形成外科、皮膚科

●筆者コメント

誠実で信頼できるベテラン医師

佐藤兼重

川崎幸病院形成外科部長/形成外科・美容外科センター長
神奈川県川崎市幸区大宮町31-27　044-544-4611

●おもな診療科目

顔面、輪郭、眼瞼シワ取り、整鼻術、フェイスリフト、形成外科・美容外科全般

●筆者コメント

顔面・輪郭などのプロ。形成外科・美容外科全般に、高い技術を持つ

鈴木敏彦

横浜すずきクリニック院長
神奈川県横浜市港南区上大岡西1-12-11 第5太蔵ビル5階　045-847-4374

●おもな診療科目

シミ、シワ、たるみ、くすみ、ワキガ、多汗症、脱毛など美容外科全般

●筆者コメント

形成外科・美容外科のスペシャリスト。トレチノイン療法にも詳しい

宮坂宗男 🏛

東海大学医学部形成外科教授
神奈川県伊勢原市下糖屋143　0463-93-1121

●おもな診療科目

母斑に対するレーザー治療、マイクロサージャリーによる再建

●筆者コメント

レーザー治療の日本のトップレベル

🏛：大学付属病院　👤：女医

山下理絵 ♀

湘南鎌倉総合病院 形成外科美容外科部長
神奈川県鎌倉市岡本1370番1 0467-46-1717

●おもな診療科目

レーザー（アザ、シミ、シワ、刺青、脱毛、その他）、ケミカルピーリング、スキンケア（老化・ニキビ対策）、シワ取り手術、形成外科・美容外科全般

●筆者コメント

美肌治療の第一人者

吉村浩太郎 ⌂

自治医科大学形成外科教授
栃木県下野市薬師寺3311-1　0285-44-2111（代）

●おもな診療科目

肌の若返り治療、まぶたの美容手術、頬たるみ取り、鼻の形成術（自家組織を用いるもの）、他施設手術におけるトラブル症例の治療、傷跡、豊胸、脂肪吸引

●筆者コメント

レチノイン酸治療など大学病院ならではの最新治療を提供

東京

青木 律

グリーンウッドスキンクリニック立川院長
東京都立川市柴崎町3-11-20　042-523-2300

●おもな診療科目

上下眼瞼形成、各種シワ取り手術、鼻形成手術、脂肪吸引・注入、レーザー、ラジオ波などによる非侵襲的美容医療、ヒアルロン酸注入、ボトックス注射、メディカルスキンケア、アンチエイジング診療

●筆者コメント

美容外科全般に定評あり。特に、メスを使わない治療やスキンケアが得意

⌂：大学付属病院　♀：女医

秋月種高
東京警察病院 形成外科部長
東京都中野区中野4-22-1　03-5343-5611

●おもな診療科目

顔面骨骨折、頭蓋顔面顎変形症、口唇裂口蓋裂、美容外科・形成外科全般

●筆者コメント

「患者さんの立場に立った治療」がモットー

阿部浩一郎
青山研美会クリニック理事長
東京都渋谷区神宮前3-42-16 コッポラススクエア2F・3F　03-5413-1777

●おもな診療科目

形成外科・美容外科・皮膚科腋臭症・多汗症、重瞼術、眼瞼シワ取り、ケミカルピーリング、レーザー

●筆者コメント

患者本位の治療と丁寧なアフターケアに定評がある

池田欣生
銀座いけだクリニック総院長
東京都中央区銀座2-11-8 ラウンドクロス銀座　0066-9688-4597

●おもな診療科目

美容外科、美容皮膚科、形成外科

●筆者コメント

「元に戻せる美容外科治療がベスト」「整形美人でなく個性を活かした若いときの顔に」など、ユニークな発想で患者本位の治療を行う

岩平佳子 ♀
ブレストサージャリークリニック院長
東京都港区高輪2-21-43 YCC高輪ビル2階　03-5793-5070

●おもな診療科目

乳房再建、ティッシュエキスパンダー（皮膚拡張術）、美容外科

●筆者コメント

女性の立場に立った乳房再建が特徴

宇津木龍一

クリニック宇津木流 院長

東京都千代田区内幸町1-1-1 帝国ホテルタワー8階　03-3509-6210

●おもな診療科目

フェイスリフトを中心に、まぶたのシワ取りなどの若返り。ケミカルピーリング、レーザーピーリング、コラーゲン注入、ボトックスなど、アンチエイジング

●筆者コメント

化粧品なしの美肌、シャンプーをしない美しい髪の提唱者

大久保正智

等々力皮フ科形成外科院長

東京都世田谷区等々力3-6-15 ナノックスビル302　03-3701-5785

●おもな診療科目

ケミカルピーリング、レーザー（アザ、シミ、刺青、その他）、レーザー脱毛、形成外科、美容外科全般

●筆者コメント

確かな技術と気さくな人柄

大城俊夫

大城クリニック理事長

東京都新宿区信濃町34 JR信濃町駅ビル2階　（初診専用ダイヤル）0120-70-0046（再診の方）03-3352-0046

●おもな診療科目

レーザー治療、形成外科、美容外科、リハビリテーション科、婦人科、耳鼻咽喉科

●筆者コメント

日本のレーザー治療の第一人者

：大学付属病院　：女医

大竹尚之

聖路加国際病院 形成外科部長
東京都中央区明石町9-1　03-5550-7120（予約センター）

●おもな診療科目
形成外科、美容外科

●筆者コメント
患者さんと同じ視点に立った診察と丁寧な手術に定評

櫛方（くしかた）暢晴

セラクリニック院長
東京都渋谷区代官山町17-1 代官山アドレスザタワー302　03-3462-0833

●おもな診療科目
レーザー治療を中心に、スキンケア、脱毛、腋臭症など、オールマイティーな治療

●筆者コメント
患者さんの幸せをいちばんに考えた治療に定評あり

久保田賢子 ♀

たか子クリニック院長
東京都渋谷区桜丘町16-14 ドルチェ渋谷6階　03-5459-7943

●おもな診療科目
重瞼術、スキンケア、ケミカルピーリング、レーザー脱毛

●筆者コメント
母娘2代の患者も通う信頼の医師。保険診療も可能

酒井成身

東京美容外科医療顧問
東京都中央区銀座7-9-11　0120-658-958

●おもな診療科目
乳房再建、ティッシュエキスパンダー（皮膚拡張術）、美容外科・形成外科全般

●筆者コメント
乳房再建の名医

酒井倫明

酒井形成外科院長（昭和大学形成外科美容外科非常勤講師）

東京都豊島区北大塚2-3-1　03-3576-7788

●おもな診療科目

美容外科全般

●筆者コメント

昭和大学関連の美容外科医院として、最新の安全・安心医療を提供

佐藤明男

東京メモリアルクリニック・平山 院長

東京都渋谷区代々木2-16-7 山葉ビル2階　03-5351-0309

●おもな診療科目

形成外科、美容外科、レーザー科、毛髪治療科

●筆者コメント

毛髪の全国的権威、薬物療法も手術もこなす

白壁征夫

サフォクリニック院長

東京都港区六本木5-17-16　0120-786-734

●おもな診療科目

フェイスリフト、各種シワ取り手術、メディカルスキンケア、隆鼻術、眼瞼形成、乳房手術、抗老化医療

●筆者コメント

世界レベルの美容外科医療・アンチエイジング医療で、日本の美容外科医療をリードしている

菅原康志

リラ・クラニオフェイシャルクリニック

東京都中央区銀座 2-4-19 浅野第3ビル5階　03-5524-1189

●おもな診療科目

顔面骨骨折、整鼻術など美容外科全般

●筆者コメント

形成外科の骨に関する治療のプロ中のプロが、その技術を美容外科に応用

新橋 武

新橋形成外科クリニック院長
東京都武蔵野市吉祥寺本町2-1-7 吉祥寺DMビル3階　0120-29-0559

●おもな診療科目

レーザー治療、フェイシャルジュビネーション治療、ケミカルピーリング、顔面美容外科

●筆者コメント

皮膚レーザー治療のスペシャリスト

鈴木芳郎

ドクタースパ・クリニック院長
東京都渋谷区恵比寿西2-21-4 代官山パークス2F　0120-022-118

●おもな診療科目

フェイスリフト手術、各種シワ取り手術、眼瞼手術、外鼻形成術、豊胸術、脂肪吸引・注入、ヒアルロン酸注入、ボトックス治療、レーザー脱毛、各種スキンケア、育毛治療、再生医療

●筆者コメント

フェイスリフトを中心とした若返り治療に定評

征矢野（そやの）進一

神田美容外科形成外科医院院長
東京都千代田区鍛冶町2-7-2 後藤ビル7階　03-3257-0111

●おもな診療科目

コラーゲン注入法、フェイスリフト、豊胸術、へそ

●筆者コメント

コラーゲン注入、ヒアルロン酸注入のスペシャリスト。繊細で丁寧な治療には定評がある

凸：大学付属病院　♀：女医

杉野宏子 ♀

青山エルクリニック院長（順天堂大学医学部形成外科非常勤講師）
東京都港区南青山5-10-6 テラアシオス表参道ビル5階　03-5766-1213

●おもな診療科目

ボトックス、ヒアルロン酸注入、レーザー治療（脱毛、シミ、シワ、ほくろ）、アンチエイジング（フォトフェイシャル、サーマクール、タイタン、フラクセル）、脂肪融解注射、APTOS手術、重瞼術、上下眼瞼シワ取り術、乳房再建術

●筆者コメント

丁寧なカウンセリングと女医ならではの繊細さが評判

高梨真教

タカナシクリニック新宿院長
東京都新宿区新宿4-3-15 レイフラット新宿2階　03-5366-8920

●おもな診療科目

二重、目元、鼻、脂肪吸引、アンチエイジングなど、美容外科全般

●筆者コメント

丁寧なカウンセリングで、患者さんの個性を活かす顔づくりが得意

谷野隆三郎

天神下皮フ科形成外科院長（東海大学名誉教授）
東京都文京区湯島3-31-3 湯島東宝ビル2F　03-5807-8241

●おもな診療科目

形成外科、美容外科、美容皮膚科全般

●筆者コメント

治療前のカウンセリングを大切にする誠実な治療がモットー

多久嶋（たくしま）亮彦 ⌂

杏林大学医学部附属病院形成外科・美容外科教授
東京都三鷹市新川6-20-2　0422-47-5511

●おもな診療科目

マイクロサージャリー、顔面神経麻痺、再建外科、美容外科

●筆者コメント

ベストな治療の提供を丁寧に行う

鶴切一三（つるきり）

あやこいとうクリニック
東京都渋谷区猿楽町24-7 代官山プラザB1D　03-6455-1337

●おもな診療科目

童瞼術、シワ取り、フェイスリフト

●筆者コメント

二重まぶた手術の第一人者

戸佐眞弓 ♀

まゆみクリニック院長
東京都港区南青山2-22-2 クインビル2F　03-3404-0668

●おもな診療科目

ケミカルピーリング、レーザー療法（脱毛、シミ、アザ）、スキンケア

●筆者コメント

ケミカルピーリングのスペシャリスト。女性本位の治療

中北信昭

自由が丘クリニック院長
東京都目黒区八雲3-12-10 パークヴィラ2F　0800-808-8200

●おもな診療科目

形成外科・美容外科（眼瞼形成、鼻形成、顔面若返り手術、顔面骨格形成、顎変形症、顔面先天異常など）

●筆者コメント

時間をかけた丁寧なカウンセリングが受けられる

南雲吉則（なぐも）

ナグモクリニック総院長
東京都千代田区三番町3-10 乳房再建センタービル　03-6261-3251

●おもな診療科目

乳房の美容全般（乳がん手術から再建を含む）

●筆者コメント

乳房のスペシャリスト

凸：大学付属病院　♀：女医

西山真一郎

西山美容・形成外科医院院長

東京都豊島区南池袋1-24-6 深野ビル3階　03-3989-1319

●おもな診療科目

形成外科、美容外科（重瞼術、眼瞼のシワ・タルミ取り、脱毛、腋臭、美容外科全般）

●筆者コメント

人格・技術共に優れ、特に二重まぶた、若返り手術に経験が深い

野崎幹弘

東京女子医科大学形成外科名誉教授

東京都新宿区河田町8-1　03-3353-8111

●おもな診療科目

熱傷、マイクロサージャリー、頭頸部再建、乳房再建、美容外科・形成外科全般

●筆者コメント

熱傷などが専門だが、美容外科医としてもトップレベル

波利井清紀

杏林大学医学部附属病院形成外科・美容外科教授（東京大学名誉教授）

三鷹市新川6-20-2　0422-47-5511

●おもな診療科目

頭頸部再建、ティッシュエキスパンダー（皮膚拡張術）、乳房再建、外鼻変形、形成外科・美容外科全般

●筆者コメント

がん切除後の頭頸部再建では日本のトップ。その経験と技術を活かした美容外科治療も高レベル

：大学付属病院　：女医

百東比古（ひゃくそく）

日本医科大学形成外科教授
※複数医院に勤務のため、個人ホームページの「診療対応施設」をご確認ください

●おもな診療科目
マイクロサージャリー、レーザー、皮膚悪性腫瘍、瘢痕とケロイド、美容外科・形成外科全般

●筆者コメント
美容外科治療と修正のベテラン

広比利次（ひろひ）

リッツ美容外科東京院院長
東京都渋谷区恵比寿南1-7-8 恵比寿サウスワン2階　0120-628-662

●おもな診療科目
顔面輪郭形成手術、美容外科手術全般

●筆者コメント
顔面輪郭手術などメスさばきに定評あり

福田慶三

ヴェリテクリニック 銀座
東京都中央区銀座2-6-12 ニュー大倉本館5階　0120-883-250

●おもな診療科目
鼻の手術、フェイスリフト、西洋人顔にする手術

●筆者コメント
メスさばきに定評あり

古川晴海

中野坂上クリニック院長
東京都中野区本町3-29-15 MMビル2A　03-3372-2161

●おもな診療科目
美容外科、形成外科全般

●筆者コメント
耳鼻科、形成外科・美容外科の研修を受けた、鼻の手術のベテラン

古山登隆

自由が丘クリニック理事長

東京都目黒区八雲3-12-10 パークヴィラ2階　0800-808-8200

●おもな診療科目

スキンケア、フェイスリフト、ケミカルピーリング、レーザー、美容外科、形成外科、皮膚科

●筆者コメント

患者本位の治療を提供

保阪善昭

東京クリニック形成外科・美容外科センターセンター長（昭和大学名誉教授）

東京都千代田区大手町2-2-1 新大手町ビル　03-3516-7151

●おもな診療科目

鼻形成術、眼瞼形成術、輪郭形成術、シワ取り手術、乳房手術、口唇口蓋裂手術、耳介再建術

●筆者コメント

美容外科全般の超ベテラン

真崎信行

真崎医院院長

東京都渋谷区猿楽町9-8 URBAN PARK代官山Ⅰ101　03-5428-4225

0120-120-454（フリーダイヤル）

●おもな診療科目

脂肪吸引、眼瞼下垂など、美容外科全般

●筆者コメント

脂肪吸引の第一人者

丸山 優 凸

東邦大学医療センター大森病院形成外科名誉教授

東京都大田区大森西6-11-1　03-3762-4151

●おもな診療科目

内視鏡手術、皮膚悪性腫瘍、瘢痕とケロイド、顔面神経麻痺、美容外科

●筆者コメント

患者一人一人の希望・症状に合わせたオーダーメイドの治療が得意

宮田成章

みやた形成外科・皮ふクリニック院長
東京都港区新橋2-5-11 NTKビル3F　03-5510-3931

●おもな診療科目

ほくろ・シミ・シワ・タルミ等のレーザー・高周波治療、レーザー脱毛、入れ墨治療、眼瞼手術、各種シワ取り手術、その他美容外科一般、瘢痕修正、ケロイド治療、コラーゲン・ヒアルロン酸等注入、スキンケア、各種ピーリング

●筆者コメント

肌の悩み、アンチエイジングなどメディカルスキンケアが得意

吉本信也 ⌂

昭和大学病院形成外科診療科長
東京都品川区旗の台1-5-8　03-3784-8000

●おもな診療科目

口唇裂口蓋裂、美容外科

●筆者コメント

患者本位の丁寧な治療

北陸・中部

市田正成

いちだクリニック院長
岐阜県岐阜市清本町10-18　058-253-5911

●おもな診療科目

脂肪注入、吸引、重瞼術、隆鼻術、整鼻術、フェイスリフト、美容外科全般

●筆者コメント

脂肪注入では日本のトップレベル。もっとも症例が多い

⌂：大学付属病院　♀：女医

大口春雄

八事石坂（やごといしざか）クリニック院長

愛知県名古屋市天白区八事石坂601 カンピオーネ八事石坂1階　052-861-1929

●おもな診療科目

目、鼻、シワ・タルミ、美肌など、美容外科全般

●筆者コメント

美容外科全般に日本のトップレベル。カウンセリングも丁寧

亀井康二

カメイクリニック院長

富山県高岡市京田441-1　0766-29-2555

●おもな診療科目

脱毛・アザ・シミ・刺青・瘢痕などのレーザー治療、二重瞼、ワキガ、隆鼻術、脂肪注入、脂肪吸引

●筆者コメント

飾らない人柄と確かな腕

川上重彦 ⌂

金沢医科大学病院病院長

石川県河北郡内灘町大学1-1　076-286-3511

●おもな診療科目

形成外科一般、頭蓋顎顔面外科、熱傷、唇裂·口蓋裂外科、美容外科

●筆者コメント

顔面・輪郭の手術をはじめ、日本のトップレベル

林 洋司

林形成外科クリニック・北陸レーザー研究所院長

石川県金沢市西念2-30-3　076-262-2333

●おもな診療科目

レーザー治療（シミ、アザ、シワ、刺青、脱毛など）、皮膚の若返り、ニキビ跡、腋臭症など

●筆者コメント

レーザー治療のプロ

東山卓嗣
ひがしやまクリニック院長
石川県金沢市泉野出町1-19-20　076-280-7773

●おもな診療科目

重瞼術、スキンケア、ケミカルピーリング、腋臭症、美容外科全般、形成外科、皮膚科

●筆者コメント

患者の健康と幸せを第一にした丁寧な治療

関西

秋岡二郎
あきおか形成外科院長
大阪府高槻市高槻町4-5 トキワビル4F　072-686-3230

●おもな診療科目

レーザー治療、形成外科治療、美容皮膚治療全般

●筆者コメント

形成外科・皮膚外科の名手。各種レーザーも扱う

一瀬晃洋 凸
神戸大学医学部付属病院美容外科准教授・診療科長
兵庫県神戸市中央区楠町7-5-2　078-382-5822

●おもな診療科目

形成外科・美容外科全般

●筆者コメント

大学病院で初めて美容外科全般を診療できる病院として注目されている

凸：大学付属病院　♀：女医

葛西健一郎

葛西形成外科院長
大阪府大阪市中央区本町3-6-4 本町ガーデンシティ2階　06-6251-2217

●おもな診療科目

レーザー治療。赤アザ、イチゴ状血管腫、青アザの太田母斑、蒙古斑、茶色いアザ・扁平母斑、色素性母斑。ほくろいぼ、ニキビ跡、汗管腫、毛細血管拡張、赤いぼ、刺青の除去、目立つ傷跡の切除など

●筆者コメント

アザ、シミのレザー治療のスペシャリスト

衣笠哲雄

きぬがさクリニック総院長
大阪府大阪市中央区難波4-7-6 R2ビル　0120-77-5511

●おもな診療科目

美容外科、形成外科、皮膚科、脱毛（レーザー、針脱毛）、ピアスほか

●筆者コメント

レーザー脱毛、電気針脱毛、ピアス、皮膚治療などに優れた技術と経験

杉本 庸

杉本美容形成外科副院長
兵庫県神戸市中央区琴ノ緒町5-4-10　0120-962-972

●おもな診療科目

整鼻術、フェイスリフト、フォトフェイシャル、豊胸術、電気脱毛など、美容外科全般

●筆者コメント

神戸大学附属病院　美容外科の関連施設として、連携している

鈴木晴恵 ♀

鈴木形成外科院長
京都府京都市東山区大橋町89-1　075-752-1533

●おもな診療科目

フォト・レジュビネイション（光治療）、フィラー（ヒアルロン酸・ヒト培養コラーゲン・自家脂肪注入）・ボトックス・プラセンタ注射、レーザー、眼瞼形成（眼瞼下垂・タルミ取り）、スレッドリフト、光脱毛・針脱毛、ケミカルピーリング、エステ、外用剤・サプリメントの開発

●筆者コメント
女性の皮膚治療では日本のトップレベル。患者本位の丁寧な治療

高田章好 ⏢

大阪大学大学院医学系研究科特任教授
城本クリニック顧問
恵比寿ウエストヒルズクリニック顧問
真崎医院顧問
MA クリニック顧問
※複数医院に勤務のため、各医院に診療日などをお問い合わせください

●おもな診療科目
フェイスリフト、目の周り（シワ取り）、傷跡修正、美容外科一般、形成外科一般、バスト

●筆者コメント
顔面、乳房の美容外科、美容外科手術後の修正手術

高柳 進

メガクリニック院長
大阪府大阪市東淀川区東中島1-18-5 新大阪丸ビル2階　06-6370-0112

●おもな診療科目
乳房（豊胸術）、重瞼術、脂肪吸引・脂肪注入、シワ取り、隆鼻術、整鼻術

●筆者コメント
豊胸術をはじめ、美容外科全般にわたり優れた技術と経験

塚原孝浩

つかはらクリニック院長
大阪府大阪市天王寺区悲田院町9-20 阿倍野橋ビル3階　06-6772-2002

●おもな診療科目
周波治療（サーマクール等）、フラクショナルレーザー、多汗症、腋臭症治療器「ミラドライ」の臨床治療、スキンケアから手術までオールマイティーな治療

●筆者コメント
安全で確実な施術を行うことを第一に、レベルの高い治療を行う

⏢：大学付属病院　♀：女医

出口正巳

カリスクリニック院長

大阪府大阪市北区梅田2-4-37 4F　0120-7867-48

●おもな診療科目

眼瞼シワ取り、フェイスリフト、脂肪吸引術

●筆者コメント

確かな理解と同意を得た上で治療することがモットー

土井秀明

こまちクリニック院長

大阪府大阪市都島区東野田町2-9-7 K2ビル2階　06-6881-2595

●おもな診療科目

眼瞼手術、各種シワ取り手術、ヒアルロン酸注入、ボトックス治療、脂肪注入、ワキガ、多汗症、各種レーザー治療、ケミカルピーリング、ケロイド治療

●筆者コメント

個人個人を大切にし、患者にいちばん合った治療を提供

中西雄二

大阪ワイエス美容外科クリニック院長
大阪府大阪市北区曽根崎新地1-3-26 ぐらんぱれビル5階　06-6341-5037

●おもな診療科目
顔の輪郭形成、小顔形成、女顔にする手術（女性をさらに女性らしく、または、男性を女性にする）が得意。その他美容外科全般

●筆者コメント
輪郭・小顔をはじめ、美容外科全般にわたり日本のトップレベル。修正にも意欲的に取り組み、医師としての倫理観も高い

林 寛子 ♀

烏丸姉小路クリニック院長
京都府京都市中京区烏丸通姉小路下ル 場之町599 CUBE OIKE 3階
075-229-6388

●おもな診療科目
傷跡・やけど・ケロイド、眼瞼下垂など、形成外科全般、シミ・シワ・タルミ、二重瞼など美容外科全般、メディカルエステ

●筆者コメント
美肌治療には定評がある

原元 潮

原元クリニック院長
兵庫県神戸市東灘区森南町1-13-13 シャンボールWAKAKUSA甲南山手駅前201　078-453-7110

●おもな診療科目
鼻の形成・眼瞼の形成を中心とした形成外科・美容外科

●筆者コメント
安全で自然な仕上がりと雰囲気のよいクリニック

凸：大学付属病院　♀：女医

矢野健二 △

大阪大学医学部形成外科寄附講座教授

大阪府吹田市山田丘2-2　06-6879-5111

●おもな診療科目

乳がん術後の乳房再建手術。大阪大学医学部「美容外科医療相談外来」

●筆者コメント

乳がん術後の乳房再建手術が専門。この分野ではトップレベル

中国・四国

緒方茂寛

おがた形成外科院長

愛媛県松山市一番町1-14-4　089-921-5530

●おもな診療科目

フェイスリフト、眼瞼、鼻、乳房、レーザー療法など

●筆者コメント

患者本位の丁寧な治療

権（クォン）成基（ソンギ）

こんスキンケアクリニック院長

香川県高松市今里町4-6　087-869-7800

●おもな診療科目

レーザー治療（アザ、シミ）、レーザー脱毛、ケミカルピーリング・マイクロ波等による、ニキビ・シワ・くすみ等の治療、重瞼等の美容外科手術

●筆者コメント

スキンケアのプロ

毛山（けやま）章

毛山病院院長

高知県高知市知寄町1-2-2　088-883-0515

●おもな診療科目

重瞼術、顔面骨格、豊胸術、形成外科、美容外科全般、外科、内科、皮膚科、消化器科、呼吸器科、器官食道科、肛門科

●筆者コメント
患者への十分な説明と親切で丁寧な治療

中西秀樹
田岡病院（徳島大学名誉教授）
徳島県徳島市万代町4-2-2　088-622-7788
●おもな診療科目
皮膚移植、ティッシュエキスパンダー（皮膚拡張術）、マイクロサージャリー、レーザー、形成外科全般
●筆者コメント
形成外科としての高い技術による安心の治療

林原伸治
林原医院理事長・院長
鳥取県米子市博労町4-360　0859-33-2210
●おもな診療科目
火傷・傷跡、皮膚腫瘍、アザなど形成外科全般、シミ・そばかす、刺青、鼻、二重瞼、フェイスリフトなど美容外科全般
●筆者コメント
美容外科治療（アンチエイジング）、レーザー治療には、最新の機器、治療技術を導入。最先端の治療（各種保険適用可）

林 道義
林形成外科・美容外科院長
岡山県岡山市本町1-16 駅前ビル8階　086-233-8841
●おもな診療科目
顔面（前額、眼瞼、鼻、頬）、躯幹（乳房、乳頭、腹部）、肢（上肢、下肢）、その他（脱毛、腋臭、傷痕など）の美容外科全般
●筆者コメント
詳細な術前説明と丁寧な手術

凸：大学付属病院　♀：女医

宮本義洋

宮本形成外科院長

広島県広島市南区段原南2-3-22　082-264-8800

●おもな診療科目

シワ取り、眼瞼形成、鼻形成、レーザー治療（脱毛、シミ、アザ）、脂肪吸引・注入、乳房（形成・再建）、顔面骨形成術、骨延長ほか

●筆者コメント

患者の満足と幸せの追求を第一に考える医師

九州・沖縄

新垣（あらがき） 実

新垣形成外科

沖縄県宜野湾市字宇地泊729番地　098-870-2990

●おもな診療科目

顔の美容外科治療（重瞼・鼻形成術・各種シワ取り術・フェザーリフトなど）、体幹部の美容外科治療（腋臭症手術、メゾテラピー痩身治療など）、レーザー・光治療（アザ・ほくろ・シミ・刺青除去、皮膚の若返り、タルミの引き締め）、メディカルスキンケア（ケミカルピーリング・トレチノイン療法・イオン導入法・超音波導入法）、育毛治療（真空含浸治療・内服治療）、形成外科治療（瘢痕修正・小範囲の熱傷・外耳奇形・陥入爪など）

●筆者コメント

安全性を重視しつつ、東京と変わらない水準の美容外科治療を提供することが信条

新城（あらしろ） 憲

形成外科KC理事長・院長

沖縄県那覇市久茂地2-2-2 タイムスビル6階　098-866-5151

●おもな診療科目

乳房形成（乳がん後再建、豊胸、縮小・固定術）、眼瞼形成、フェイスリフト、腹壁形成

●筆者コメント

形成外科の確かな技術を美容外科に応用

飯尾礼美 （女医）

飯尾形成外科クリニック院長

福岡県福岡市中央区天神1-3-38 天神121ビル9階　0120-611-039

●おもな診療科目

若返り治療（タルミ取り手術、眼瞼形成術、ボトックス注射、ヒアルロン酸注射、フォトフェイシャル）、二重手術、鼻形成術、脂肪吸引術、豊胸術、腋臭症手術、瘢痕形成術、その他美容外科全般、スキンケア（ケミカルピーリング、ビタミンイオン導入）

●筆者コメント

患者本位の丁寧なカウンセリング・治療

王丸（おうまる）光一

形成外科王丸クリニック院長

福岡県福岡市中央区六本松2-11-5　092-741-9123

●おもな診療科目

レーザー（アザ・シミ・ほくろ・脱毛）

●筆者コメント

10機種15台のレーザー治療装置を導入、広い範囲でレーザー治療が可能な総合レーザークリニック

大慈弥（おおじみ）裕之 （大学付属病院）

福岡大学医学部形成外科主任教授・診療部長

福岡県福岡市城南区七隈7-45-1　092-801-1011（内線2890）

●おもな診療科目

形成外科・美容外科

●筆者コメント

抗加齢治療（アンチエイジング、シミ・シワ・老人性眼瞼下垂など）に力を入れた診療

（病院マーク）：大学付属病院　（女性マーク）：女医

小住(おずみ)和徳

ＯＺＵＭＩクリニック院長

福岡県北九州市小倉南区長行東2-14-11　093-452-1117

●おもな診療科目

重瞼術、隆鼻術、整鼻術、フェイスリフト、顔面骨格、豊胸術、乳房縮小術、脂肪吸引術・注入術、口唇裂、瘢痕治療、腋臭症、多汗症、コラーゲン注入、レーザーによるスキンケア（シミ、シワ、アザ、ホクロなど）、レーザー脱毛

●筆者コメント

多くの手術法の中から、もっとも効果的で負担の少ない治療法を選ぶなど、丁寧な診断治療に定評

鬼塚圭子 ♀

さくら形成クリニック

長崎県葉山1-44-1　095-855-0025

●おもな診療科目

美容関係（二重まぶた、I2PL（フォト治療）、レーザー治療、医療脱毛・ボトックス（シワ）、ヒアルロン酸（シワ）、ハイドロキノン、レチノイン酸、ピアス、巻き爪矯正

●筆者コメント

『メディカルエステ桜』も併設。美肌、美容外科全般

常多勝己

つねだ形成外科院長

長崎県長崎市古川町6-34　095-826-6565

●おもな診療科目

形成外科、重瞼術、眼瞼下垂、コラーゲン注入、レーザー、レーザー脱毛、美容外科全般

●筆者コメント

患者の納得を得た治療

⌂：大学付属病院　♀：女医

當山 護
当山形成外科院長
沖縄県那覇市久茂地2-11-18　098-867-2093

●おもな診療科目

植毛（単毛）、シワ取り、眼瞼形成、鼻形成、レーザー脱毛針脱毛、乳房形成、脂肪吸引注入、顔面骨形成、ケミカルピーリングほか

●筆者コメント

脱毛、シミ・シワ取り、眼瞼下垂など、沖縄の人に多い治療の他、美容外科全般にわたり、優れた技術と深い経験

原口和久
原口クリニック院長
福岡県福岡市博多区博多駅東1-12-5 博多大島ビル3階　0120-016-460

●おもな診療科目

脂肪吸引、フェイスリフト、豊胸術、重瞼、隆鼻

●筆者コメント

患者との信頼関係を大切にした治療

矢永博子 ♀
矢永クリニック院長
福岡県福岡市天神1-2-12 天神122ビル3F　092-737-1177

●おもな診療科目

培養表皮によるニキビ跡・瘢痕治療、脂肪吸引・脂肪注入、上下眼瞼シワ取り、その他美容外科・形成外科全般

●筆者コメント

培養皮膚を使ったさまざまな治療で、日本のトップレベル

参考文献

『「美」と「若さ」をお金で買う方法 私が試しつくした〝若返り医療〟の真相』佐藤真実著、講談社刊 ※絶版
『醜女の日記』シャルル・プリニエ著、新潮文庫 ※絶版
『テティスの逆鱗』唯川恵著、文春文庫
「きれい(『めまい』所収)」唯川恵著、集英社文庫
『顔面考』春日武彦著、河出文庫
『プラスチック・ビューティー 美容整形の文化史』エリザベス・ハイケン著、平凡社 ※絶版
『美人にメス』折登岑夫著、朝日新聞社 ※絶版
『美容外科医のカルテ こちら美容外科110番』折登岑夫著、草思社 ※絶版
『こっそりと美人三昧、911番』折登岑夫著、文芸社
『マッド高梨の美容整形講座』高梨真教&中村うさぎ著、マガジンハウス
『間違いだらけの美容外科選び 後悔しない病院のかかり方』百束比古著、PHP研究所 ※絶版
『形成外科は感動外科』横山才也著、海竜社
『美容形成は医者選びが一生の別れ道』高柳進著、ハート出版 ※絶版
『化粧品を使わず美肌になる!』宇津木龍一著、主婦と生活社
『美容外科整形の内幕 手術の前にその実態を知るべきだ』大朏博善著、医事薬業新報社 ※絶版

おわりに

本書で紹介した通り、美容医療は、限りなく発達していきます。

私達が考えなければならないことは、すでに発達した、そしてこれからも無限に発達し続ける美容外科医療との付き合い方です。

ギリシアの哲人、アリストテレスは言いました。

「人間がなすことはすべて、幸せになるのが目的である」と。

しかしアリストテレスは、どうすれば幸福になれるのかについては教えてくれていません。幸福とは何か、不幸とは何か、その内容も原因も分析していません。

美容医療を受けることは、幸せへの可能性を広げてくれるひとつの方法です。

しかし幸せになるための要素は、それ以外にいろいろあります。家族・友人・異性などとの円満な人間関係や自己成長、精神的に満たされていることなど……普遍的なものはなく、人それぞれ異なるものでもあります。いずれも複雑で面倒です。考えること、努力すること、耐えること、時間をかけることが必要です。

ところが美容医療は、簡単にお金で買うことができます。

うまくいけば100万円握って、美容外科の看板のかかっている医院に行って「きれいにして」といえば、たちどころに願いが叶うかもしれません。まるでアラジンの魔法のランプのように、一瞬で若返り、美人になるかもしれません。「幸せ」に近づいたと感じるかもしれません。

でも、本当に幸せになれるかどうかは別です。

美容医療を受けること、すなわち「美と若さをお金で買えること」は、現代人に与えられた特権です。でも、付き合い方を上手にすることが大切です。

きれいになること、若くなることが目的になってしまっていて、ふっと気が付くと、家族は放ったらかし、友人関係は疎遠になってしまって、きれいになったけれど「幸せ」からは遠くなっている……そんなことのありませんように。幸せは、複雑で面倒で、考えて、努力して、耐えて、時間をかけて、それでようやく得られるかもしれないものです。

若いときには、あなたの個性をいかす美容治療を。
年齢を重ねれば、シワを憎んで暮らすのでなく、「シワがあるのにあんなにきれいだ」と言われるような、美容医療を。

そして、絶対に失敗しないように。私の心からの願いです。

＊＊＊

二十数年前、私は日本中を駆け回って美容外科医・形成外科医をインタビューしました。それは、「医療の中で、美容医療がもっとも正しい情報が不足している」「医療の名を借りて、ひどいことが行われている」と感じたからでした。

若さの正義感で取り組みましたが、内心では「私が今書いているような内容は、もう5年、10年もすれば陳腐なことになり、みんなの常識になっているに違いない」「2つの美容外科学会は一つになって、安心して美容外科治療が受けることのできる時代になっているだろう。私はその過渡期の橋渡しの役割をしているのだ」と感じていました。

それから25年。

美容技術は格段に進歩し、メスを使わない治療もたくさん出てきました。でも、依然として美容外科学会は2つ存在し、厚労省はまったく指導を放棄し、4大新聞は美容外科に関する情報をタブーとし、テレビ・ネット・雑誌の誇大宣伝は野放しです。

美容外科は、これからもっともっと、重要性を増していきます。真正面から取り組まねばならない医療分野です。

この本によって、何よりも読者の方々、その周りの方々が、よい美容医療を受けられますように。また、厚労省をはじめとする行政、マスコミの方々、2つの美容外科学会の枠組みの中でがんばっておられる医師の方々が、さらによい方向にさらにがんばることができますように。

最後に、本書のようなデリケートな医療の書籍を快く出版してくださったディスカヴァー・トゥエンティワンの干場弓子社長、編集で全面的に協力くださった大竹朝子さん、そして支えてくれた妻の三紀に、心より感謝します。

２０１７年夏　大阪の自宅にて

大竹奉一

ディスカヴァー携書 185

美容格差時代
進化する美容医療、その光と影

発行日　2017年8月15日　第1刷

Author　大竹奉一
Book Designer　石間　淳

Publication　株式会社ディスカヴァー・トゥエンティワン
〒102-0093　東京都千代田区平河町2-16-1 平河町森タワー11F
TEL　03-3237-8321（代表）
FAX　03-3237-8323
http://www.d21.co.jp

Publisher　干場弓子
Editor　大竹朝子

Marketing Group
Staff　小田孝文　井筒浩　千葉潤子　飯田智樹　佐藤昌幸　谷口奈緒美
古矢薫　蛯原昇　安永智洋　鍋田匠伴　榊原僚　佐竹祐哉　廣内悠理
梅本翔太　田中姫菜　橋本莉奈　川島理　庄司知世　谷中卓
小田木もも

Productive Group
Staff　藤田浩芳　千葉正幸　原典宏　林秀樹　三谷祐一　大山聡子
堀部直人　林拓馬　塔下太朗　松石悠　木下智尋　渡辺基志

E-Business Group
Staff　松原史与志　中澤泰宏　中村郁子　伊東佑真　牧野類

Global & Public Relations Group
Staff　郭迪　田中亜紀　杉田彰子　倉田華　鄧佩妍　李瑋玲

Operations & Accounting Group
Staff　山中麻吏　吉澤道子　小関勝則　西川なつか　奥田千晶　池田望
福永友紀
Assistant Staff　俵敬子　町田加奈子　丸山香織　小林里美　井澤徳子　藤井多穂子
藤井かおり　葛目美枝子　伊藤香　常徳すみ　鈴木洋子　内山典子
石橋佐知子　伊藤由美　押切芽生　小川弘代

Proofreader　文字工房燦光
DTP　朝日メディアインターナショナル株式会社
Printing　共同印刷株式会社

ISBN978-4-7993-2161-4

携書ロゴ：長坂勇司
携書フォーマット：石間　淳